「あたりまえ」のつくり方

ビジネスパーソンのための新しいPRの教科書

博報堂／博報堂ケトル
嶋浩一郎

NEWS PICKS PUBLISHING

「あたりまえ」のつくり方

ビジネスパーソンのための
新しいＰＲの教科書

目次

第3章 合意形成を加速するPRの5原則

第6章 違いの中から同じを紡ぎだす「エンパシー」の力

はじめに　よりよい「あたりまえ」を目指す人に

働き方、ジェンダーのとらえ方、家族の関係からお酒の飲み方まで、この10年、20年で「あたりまえ」が変わりましたね。

子育ては母親がするものというかつての常識が、男性も育児に参加すべきという常識に変化しました。「徹夜自慢」のサラリーマンは姿を消し、「働き方改革」が叫ばれるようになりました。

私たちの住む社会では、日々新しい「あたりまえ」が、古い「あたりまえ」を塗り替えていきます。

親や上司に「時代は変わったなあ」と言われたり、新入社員と接して「自分たちがあたりまえだと思っていたことがまったく通用しない」と感じた経験が誰しも一度はあるのではないでしょうか。

この本のテーマは「あたりまえをつくる技術」。まだこの世の中に浸透していない新しい「あたりまえ」を普及させる技術や思考法のことです。

今までなかった概念が社会に浸透し、普及、定着していくのを促す技術といってもいいかと思います。

あたりまえの普及を加速させる技術は、さまざまなステークホルダーと合意形成を生み出す**パブリック・リレーションズ（PR）**の技術そのものです。

日本におけるPRは、企業や自治体の広報部や広告会社やPRエージェンシーに所属するPRパーソンが担ってきました。

PRは「企業とステークホルダーとの良好な関係維持」などさまざまな定義が可能ですが、30年以上PR業界に身を置き、PR発想のアイデアでクライアントや社会の課題解決をしてきた自分が、やってきたことを振り返ってみると、PRは今までなかった新しい「あたりまえ」を世の中に浸透させるお手伝いをする仕事なんだと考えるようになりました。

PRとは次の図のように、**新しい「あたりまえ」について各ステークホルダーと「合意形成」を進め、社会に定着するための補助線を引く仕事です。PRパーソンはステークホルダーとの間に合意点、つまり握手できることを探り、対話を通じて新しい「あたりまえ」を定着させていくのです。**

パブリック・リレーションズとは

パブリック・リレーションズ（Public Relations）とは、新しい「あたりまえ」を世の中に定着させるため、あらゆるステークホルダーと対話し「合意形成」を目指す活動、及びその考え方と技術のこと。

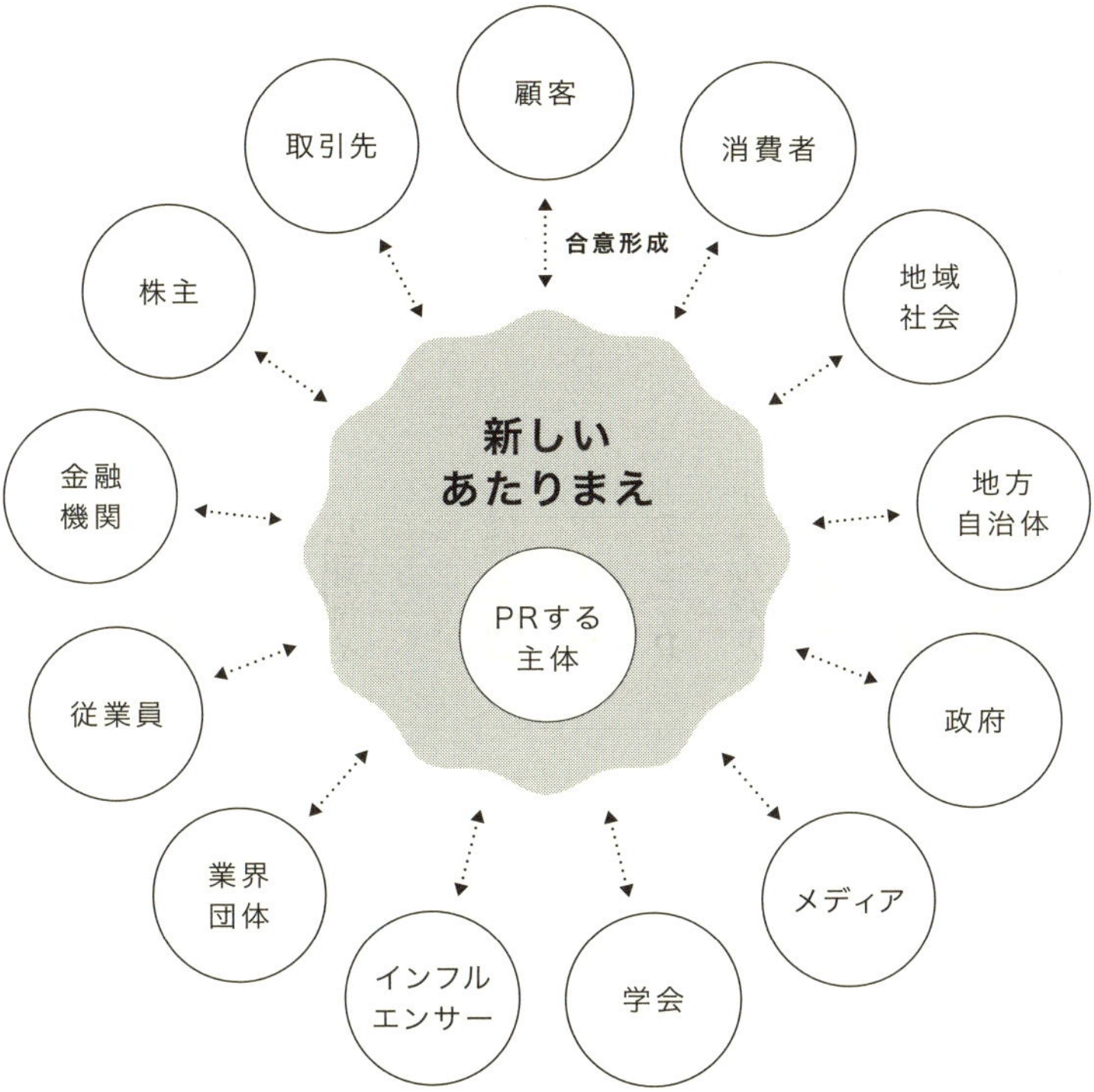

パブリック（＝公衆）	：社会のさまざまなステークホルダー（影響力のある第三者）たちのこと
リレーションズ（複数形）	：新しい「あたりまえ」の普及を目指す主体とステークホルダーそれぞれの関係性のこと

この本は否応なく変わりゆく世の中で、よりよい「あたりまえ」が普及した社会を目指すビジネスパーソンのために書きました。ですので、この本は広報室やPR会社にいるPRパーソンのためだけに書かれた本ではありません。

マーケティング全般に関わる人、新規事業や新商品サービス開発に関わる人、スタートアップの経営者、行政やNPOで社会課題解決を目指す人。今までの既成概念を超えた価値観を普及させ、ライフスタイルや社会を変えていきたい、そんなふうに考えているすべてのビジネスパーソンのために、PRパーソンの発想法や行動規範から、あたりまえを普及させる技術を抽出して提供していきます。

2019年に「働き方改革関連法」が施行されてから、ずいぶんと働きやすく、暮らしやすくなった人も多いはずです。心身の調子がよくない人や、家庭の負担が大きい人、なんらかのハンディキャップがある人にとってみたら、過重労働が当然のように評価されていた時代の働き方はしんどいものでした。ハードワーカーにとっても、心身の負担や継続性を考えれば、適切な時間の労働が推奨されることが「あたりまえ」になった世の中は、生きやすい世界になったはずです。

本書は変化の激しい世の中で、なるべくよい方向に社会を向かわせたい、そんなことを考えているビジネスパーソンへの指南書です。

昭和から平成、令和へと。想像を超える「あたりまえ」の変化

「あたりまえ」って不思議ですよね。

法律に書いてあるわけでもないのに、多くの人がいつの間にか、ある価値観が大事だと思うようになり、その価値観に基づいた行動をするわけですから。

例えば、昭和の時代、会社で飲み会があると（令和の今では会社の飲み会さえもあたりまえではなくなりましたが）、「とりあえずビール」という掛け声から宴会がスタートするのがあたりまえでした。アルコールが苦手な人も、「とりあえず最初の一杯だけは」とか言いつつビールの乾杯に付き合っていました。しかし、令和の時代になると、多様性が尊重される時代になり、アルコールが苦手な人がいるのは当然じゃないか、それぞれ、飲みたいものを飲もうよという「あたりまえ」が広まり、今では「とりあえずビール」なんてアルハラだという、新しい「あたりまえ」が浸透しているわけです。

自分の身体や心の健康を考えて、あえてアルコールを飲まない、飲むとしても適量をコントロールして楽しむ生き方をする人や考え方を指し示す「ソバーキュリアス」なんて社会記号（社会記号については第4章でくわしく説明します）も登場しました。

アルコールメーカーも「ノンアル」や「微アル」を謳う新商品を発売。アルコールを飲まずに過ごしたい人のために、バーではノンアルのカクテル・モクテルが提供されたり、お酒を飲まずにまったりしたい人向けに「夜カフェ」が人気を集めています。

かつては想像できなかった未来が訪れたのです。

お酒の飲み方だけでなく、「あたりまえ」の移り変わりはいたるところで起きています。

宮藤官九郎脚本、阿部サダヲ主演のドラマ『不適切にもほどがある！』（2024年1月〜）は〝ケツバット上等〟の昭和の熱血体育教師が、コンプライアンスバリバリの令和の時代にタイムスリップする社会派コメディとしてヒットしました。

地上波テレビがゴールデンタイムに普通におっぱいを露出していた時代から、ジェンダーイコーリティを口酸っぱく唱える評論家がいる時代へ。ドラマの中では昭和と令和のあたりまえのギャップが笑いのネタになりました。

同時に今の時代の価値観が本当に正しいのか、一石を投じる役割も果たしたのではないかと思います。阿部サダヲが演じる主人公の「地獄のオガワ」は嘆いていましたね。「仕事を頑張らないヤツが大事にされて、頑張れって言ったやつが責められるって、何か間違ってないか？」と。

あたりまえは、ドラマのネタになるくらいにドラスティックに変化して、ときに180度ま

った く別の方向へ社会を導きます。そして、その変化は時に非常に短いスパンで起きることもあるのです。

数年前の「あたりまえ」ですら人々の記憶から忘れ去られていきます。

本書を執筆しているのは、酷暑の夏の最中ですが、私たちは今までの生活を変えて、あらたなライフスタイルに移行しなければ、つまり、新しい「あたりまえ」を打ち立てなければ、気候変動問題に対応することもできないでしょう。

また生成ＡＩなど新しいテクノロジーの普及は人間の生活を大きく変えていくでしょう。多くの企業が新技術を活用した製品やサービスを開発し、生活者がそれらを利用する新しいライフスタイル、つまり新しい「あたりまえ」の提案をしています。

今私たちは新しい「あたりまえ」をどの時代よりも必要としているのです。

「あたりまえ」は星座のように現れる

コロナや気候変動や戦争、経済状況の変化、またテクノロジーの進化は、多くの人がかつて信じていた価値観とは異なる価値観の浸透を加速させます。

過去の価値観や規範でつくられた社会があるタイミングからそのままでは立ち行かなくなり、人々が既存の「あたりまえ」に対してなんだかモヤモヤした疑問をもつようになるのです。

社会における女性の在り方や大量生産大量消費を美徳とすることなど、今までみんなが信じてきたさまざまな価値観に疑問が投げかけられるようになります。

ビジネスの世界ではXという「トランスフォーム」を表す言葉がやたらと使われています。これは既存のビジネスの仕組みがこのままでは立ち行かなくなる、新しいビジネスモデルへの転換が求められているぞ、という産業界のモヤモヤがあちこちで発露しているということではないでしょうか。

旧来の「あたりまえ」へのきしみが、かつてないほど同時多発的に起こっているのが現代なのです。

今までのあたりまえが綻びを見せ始めると、一人ひとりの中に、現状に対するモヤモヤ、つまり違和感や不満が生まれてきます。ここに、新たな理想を求める気持ちが潜在的に芽生えてくるのです。

でも人はそんなに賢くないので、モヤモヤは感じても、次の理想に一直線に辿りつけるわけではありません。次世代の新しい「あたりまえ」を言語化し、指し示すことができる人はまれです。

1970年代に、パソコンとインターネットの未来を予言したアーサー・C・クラークのように、ＳＦ作家やアーティストなどひと握りの天才が未来の「あたりまえ」を言い当てることもあるでしょう。普通の人はそんな風に解像度が高く、未来の「あたりまえ」を言い当てることはできませんが、既存の「あたりまえ」にモヤモヤを感じている何人かのファーストペンギンたちは、新しい「あたりまえ」を模索し始め、その価値観に基づいた行動を起こし始めます。

そうした人々は別に連携して行動を起こすわけではありません。それぞれが属する組織や地域で新しい「あたりまえ」を目指し始めるのです。世間の人から見たら彼らは変人に見えるかもしれません。なにせ、今までの価値観とまったく異なる行動をし始めるわけですから。

しかし、そういう最初は点でしかない何人かの意見や行動が、同じ動きとして周囲に認識され、星座のように結ばれて、次の時代の「あたりまえ」が形づくられていくのです。

徹夜自慢、病気自慢をして働いているのってなんだかおかしくない？　多くの人がうすうすそんなふうに思い始めます。モヤモヤを持ち始めるんですね。

そんなモヤモヤを抱える人たちの中から、働き方を変えるべきではと唱えはじめる人たちや、実際に仕事よりも自分の時間を優先する人たちがでてきます。そして、そんな動きをとらえたメディアが他の先進国と比べて日本人は働きすぎだという報道をし、「働き方改革」や「ワークライフバランス」などの新しい価値観を体現する言葉を広めていきます。

さらに行政が企業に「働き方改革」を進めようと呼びかけたり、民間企業が有休奨励日を設けることなどによって、人々の意識が変わり、ワークライフバランスを意識して働く人が増えていき、人々の行動が実際に変わるのです。

同じように、「とりあえずビール」の掛け声で宴会が始まっていた常識に対して、会社に入ったときから習慣として惰性でやっていたけど、よく考えたら飲めない人もいるのにおかしくない？　とモヤモヤをもつ人たちが現れます。

そんなモヤモヤを抱える人の中から、飲み会にも多様性を認めるべきだと言語化する人が登場します。そして、同様に世の中の変化を感じとったアルコールメーカーがノンアル飲料や微アル飲料を開発・販売したり、お酒を飲まなくてもくつろげる場所としてカフェが夜営業をはじめ、それが「夜カフェ」と呼ばれるようになったりします。

それに呼応してメディアが「ソバーキュリアス」という考え方を広めていきます。新しい価値観の言語化です。

そんな環境の中で人々の意識がかわり、結果、アルコールを飲まない、あるいは自分なりのスタイルでアルコールを楽しむ人たちが増えていくのです。

最終的に、これらのさまざまなプレイヤーの行動が、メディアによって、1つのまとまった動きとしてとらえられ、社会のトレンドとして認識され、「ソバーキュリアス」な人たちが増えているという報道を目にするようになるのです。

まさにモヤモヤの中から、行動を起こすプレイヤー（個人、企業、行政、ＮＰＯなど）が星のように同時多発的に現れて、その目立った星が線で結ばれることで下の図のように新しい星座が生まれるのです。

その星座には「ワークライフバランス」とか、「関係人口」とか、「コスパ」とか、新しい「あたりまえ」を表す名前が冠されます。

モヤモヤの中から、新しい「あたりまえ」を表す言葉が生まれ、それが人々の認識や行動を変えていき、新しい星座になるのです。

この星座が生まれるメカニズムを解像度高

「ソバーキュリアス」あたりまえの星座

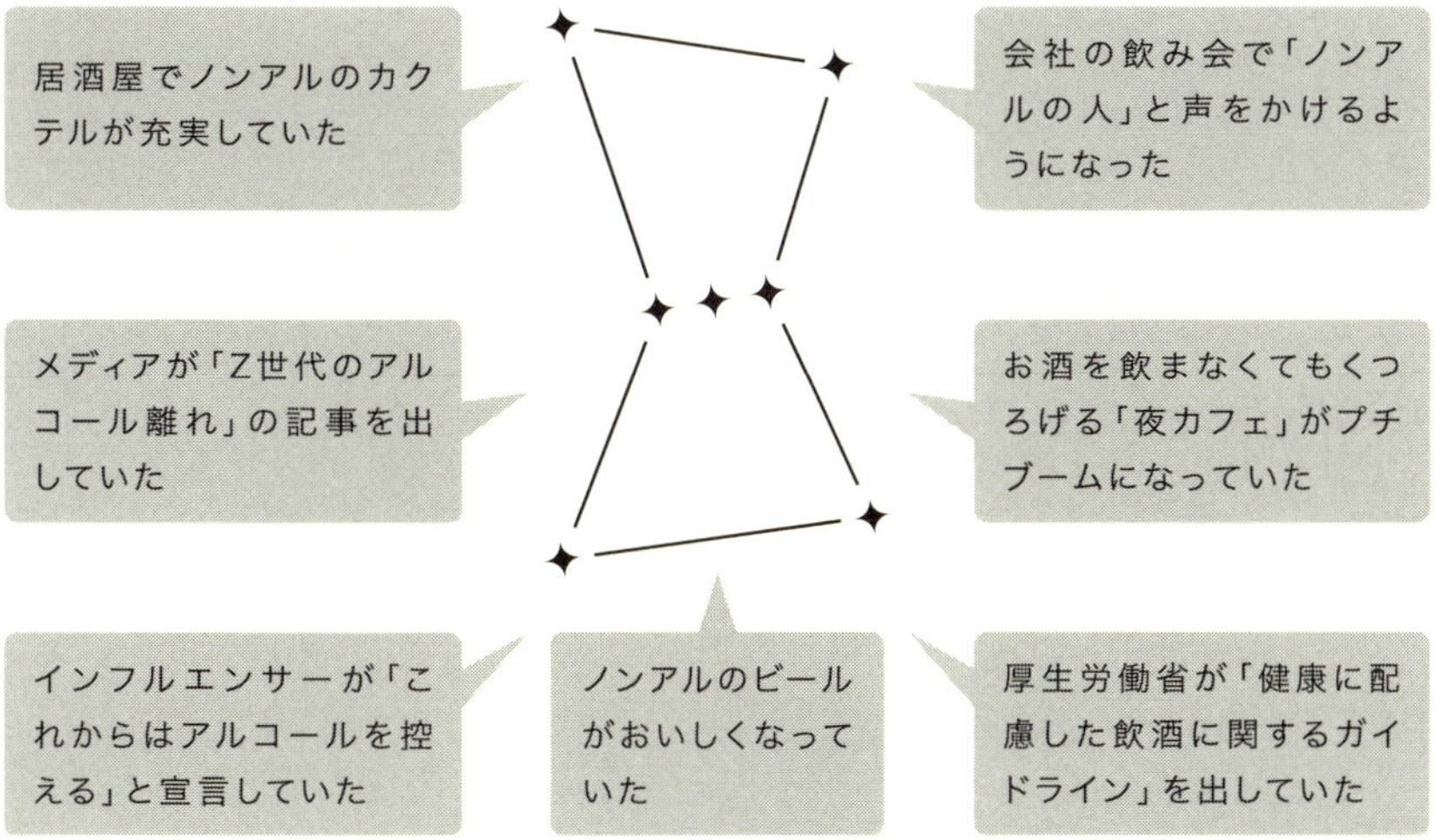
居酒屋でノンアルのカクテルが充実していた
会社の飲み会で「ノンアルの人」と声をかけるようになった
メディアが「Z世代のアルコール離れ」の記事を出していた
お酒を飲まなくてもくつろげる「夜カフェ」がプチブームになっていた
インフルエンサーが「これからはアルコールを控える」と宣言していた
ノンアルのビールがおいしくなっていた
厚生労働省が「健康に配慮した飲酒に関するガイドライン」を出していた

く理解し、ハックするのがこの本の目標です。

「あたりまえ」が生まれる仕組みをバックキャストして事業戦略、マーケティング戦略、コミュニケーション活動に応用すると言ってもいいでしょう。

メディアによる「あたりまえ」の流通と価値づけ

見てきたように、「あたりまえ」の誕生や普及に大きな役割を果たすのがメディアです。メディアがない時代「あたりまえ」が急速に広まることはまれでした。

国が違えばそこには別のあたりまえがあり、政治的権威である王室や、宗教指導者がそれぞれのあたりまえの守護者でした。15世紀にグーテンベルクが活版印刷を発明すると、書籍や新聞・雑誌などのメディアが情報を伝えることができるようになり、「あたりまえ」の普及スピードは一気に高まりました。

さらに、ラジオやテレビが生まれ、今やインターネットやSNSの普及がさらに新しい「あたりまえ」の普及速度を上げています。

今の日本では一人暮らし人口が増えていますが、20世紀の長いあいだ、先進国では家電メーカーや住宅メーカーなど製造業のターゲット像、保険会社の商品開発のモデル、あるいは政府や自治体の政策立案のベースになるのは、両親と子ども2人の4人家族でした。

長らく、産業界の「スタンダード（標準）」だったこの考え方は、19世紀のロンドン万博がきっかけで世界に広がったそうです。

「スタンダード」という概念は、産業革命以降、18世紀後半の大量生産が始まったころから意識されるようになります。大量生産を効率的に進めるために、その基準になる公約数が必要だったのでしょう。製造業の効率化が新しい「あたりまえ」を必要としたんですね。

でも、それは産業側の都合でしかありません。しかし、当時最大のメディアである「万博」発のメッセージになったことでそのスタンダードは広く社会に受け入れられたのです。

もっとも影響力のあるメディアが「スタンダード（標準）」は「両親と子ども2人の4人家族」だと世界に向けて発信した結果、その後の多くの小説やドラマで描かれる現代の家庭の家族像や、先進国における商品開発のモデルがこの「4人家族」に収斂《しゅうれん》していったのです。

メディアは「ウェルビーイング」や「タイパ」、「脱炭素社会」など、新しい「あたりまえ」が社会にとっていかに必要性があるのか分析評価する役割も担います。

メディアの取材に専門家が登場し、それぞれの立場から新しい「あたりまえ」が社会にもたらすメリットを言語化していくのです。それによって新しい「あたりまえ」の価値は高まります。

わかりやすい例で言えば、メディアはよく経済効果を測定したりしますね。
メディアで働くジャーナリストのインサイトは世の中の変化をとらえ、それを報道していくことです。新しい価値観の出現とそれによって人々の生活が変わることは彼らにとって最大の関心事であり、報じるべきことです。新しい星座がつくられるプロセスにメディアは大きな役割を果たすのです。

新しい「あたりまえ」の普及のメカニズムを理解するには、メディアの役割を知ることは不可欠です。第4章でこの辺りを深掘りしていきます。

「あたりまえ」の普及は新たな市場をつくる

いわずもがなですが、新しい「あたりまえ」はビジネスにとっての機会です。

新しい「あたりまえ」には、新しい「ライフスタイル」がひもづき、その新しいライフスタイルには、新しいサービスや新しいプロダクトのニーズが発生するからです。

例えば、「朝活」という概念は、「朝はいそがしい出勤前の時間」という今までのあたりまえから「朝は余裕をもった学びの時間」という新しい「あたりまえ」への変化を示しています。

この概念が普及することで、朝に開催されるヨガ教室、英会話教室、トークイベントの需要が伸びるかもしれません。ショッピングモールのイベントスペースなどでは今まで未活用だった朝の時間でのマネタイズが可能になるかもしれません。

今までのあたりまえは「キャンプは自然の中でワイルドな体験をする」ことだったかもしれません。それに対して、「ラグジュアリーで快適なキャンプ」があってもいいじゃないかという新しい「あたりまえ」が提唱されるようになり、そこに「グランピング」という新しい市場が生まれました。

ラグジュアリーな宿泊施設や、アウトドアギア、アウトドアフードが開発され、新しいブランドが誕生し、ヒット商品も続々登場しています。

新しい「あたりまえ」は社会の変化であり、その社会を構成する市場の変化でもあり、マーケティングの新たなチャンスを生み出すのです。

新規市場を生み出すスタートアップの経営者や事業責任者は、自分たちが売りたい商品やサービスがもたらすビジョン、新しいライフスタイルを定着させるために、ＰＲの技術を十分に使いこなしていくべきなのです。

「あたりまえ」を生み出すテクノロジーとしてのPR

新しい「あたりまえ」はビジネスにとっての機会ではありますが、それを普及させたい人の意に反して、目論見どおりに普及しないのが現実です。

テクノロジー開発者は便利なサービスを開発すればそれは自然に普及するはずだと思ってしまうことがあります。しかし、現実はそう簡単にはいかない。

なぜなら、人間はそんなに合理的な生き物ではないからです。

新しいあたりまえが、より便利で、よりよいものだと頭のなかでわかったとしても、既存のあたりまえにモヤモヤを感じているとしても、身に染みてしまったこれまでの価値観にもとづくあたりまえを捨て去り、新しいあたりまえにサクッと移行できないものなのです。

例えば、日本でいえば、スマートフォンによるキャッシュレス決済の浸透も国や企業の思惑どおりには進んでいないのが現状です。

わざわざATMでお金をおろして持ち歩かなくてもいい、お財布から小銭を出して数えなくていい、何よりワンタッチで済むなど、キャッシュレス決済は便利だと頭ではわかるのですが、2023年の日本におけるキャッシュレスの普及率は39・3%（経済産業省調べ）。10年以上の月日とさまざまなプロモーション施策の結果、やっと4割に達してきたのが現状です。

そんな変化に抗う気質をもつ人々に対して新しい「あたりまえ」を普及させていくために、先人たちはたくさんのPR活動を試行錯誤してきました。

複数の新しい行動が1つの星座として認識されるようになるまで、新しいあたりまえを普及させたい人たちは、社会のさまざまなステークホルダーと対話を重ねる必要があったのです。

改めて、みなさんの中には、PRの技術が新しい「あたりまえ」の普及を加速するんだ、と言われてもピンとこない方もいらっしゃるかもしれません。PRの技術とは何かということを簡単にここで説明させてください。

「PR」という言葉を聞いて多くの人が思い浮かべるのは、テレビや雑誌、ネットニュースなどに企業情報、商品情報を記したプレスリリースを配信したり、記者会見を実施したりして、企業や商品が番組や記事で取り上げられることなんじゃないかと思うのです。

もちろん、メディアに情報を提供し、番組化、記事化を狙う「パブリシティ」というPRの技術は、パブリック・リレーションズの数ある技の中でも、かなり効果的な技の1つです。

しかし、パブリシティはあくまでPRが提供する技術の一部でしかありません。

では、本来パブリック・リレーションズとは何をする仕事なのでしょうか？

ＰＲは、組織とその組織を取り巻くステークホルダーとの望ましい関係をつくりだすための考え方で、日本のＰＲ業の集まりである日本ＰＲ協会のサイトには、「19世紀後半からアメリカで発達し、戦後日本に持ち込まれ、企業や官庁などさまざまな団体の運営の指針になってきた」と記されています。

かつて日本のＰＲパーソンの教科書だった『ＰＲの設計』（１９７３）において、著者加固三郎が次のように定義しています。

「ＰＲとは、個人または組織体が、その関係する公衆の理解と協力を得るために、自己の目指す方向と誠意を、あらゆるコミュニケーション手段を通じて伝え、説得し、あわせて自己匡正《きょうせい》をもはかっていく継続的な〝対話関係〟である。自己の目指す方向は、公衆の利益に合致していなければならず、また、現実にそれを実行する活動をともなわなければならない。」

この文章は１９７０年代とかなり前に書かれたもので、しかもちょっと長いのですがＰＲの仕事を的確にとらえていると思います。

ＰＲパーソンであれば、うんうん、私たちはそういう仕事をしているんだよと思うんじゃないでしょうか。でも、パブリシティを獲得する仕事がＰＲと思っている世の多くの人からしてみると、「PRとは組織と、公衆（社会）との継続的な対話である」というこの定義はかなりイメージから乖離しているかもしれません。

ぼくは長年PRの仕事に携わってきて、**パブリック・リレーションズとは、新しい「あたりまえ」を世の中に定着させるために、あらゆるステークホルダーと関係を築き継続的に対話し「合意形成」をする仕事だと思うに至りました。**加固さんの言う「自己の目指す方向」に、新しい「あたりまえ」をあてはめてみると、しっくりきたのです。

パブリシティは新しい「あたりまえ」の普及を促進するための情報発信のテクニックの1つですが、PRパーソンはパブリシティ以外にもその普及のための手口を多数持っています。

加固三郎が「あらゆる表現手段を通じて」合意形成を実現するのだと書いたように、PRパーソンはあらゆる手口で新しい概念の普及を促進するのです。

かつて自分がレクサスでやらせていただいたPRの仕事は、これからのラグジュアリーなライフスタイルを、新しい「あたりまえ」として世の中に提示する仕事でした。

オンデマンドサービスである「ZOZOSUIT」の情報発信などZOZOでやらせていただいたPRの仕事はこれからの洋服の作り方、買い方、楽しみ方を、新しい「あたりまえ」として世の中に提示する仕事でした。

これらの仕事はともに、それまで世の中に存在しなかった概念を、価値化、顕在化させる仕事だったと思います。

PR活動は、さまざまなステークホルダとの対話によって、新しい価値観の浸透を進めていきます。ステークホルダーの中でもメディアの人たちは、パブリシティによって、世の中に対する新しい価値観の情報発信を助けてもらうことが多く重要な存在です。しかし、メディアを含めたステークホルダーとの対話がもたらすものは、情報発信がすべてではありません。

PR活動の主体と異なる視点や利害関係を持つステークホルダーとの対話は、目指すべき「あたりまえ」に磨きをかけ、それをより魅力的なものにしていくことにも役立つのです。

ステークホルダーのなかには、こちらが提示するアイデアに反論をしてくる人たちもいるわけです。

そこで対話が生まれます。対話を通じて、新しい「あたりまえ」の問題点や、自分たちが気づかなかったチャームポイントを発見したりすることもしばしばです。

そんなとき、私たちPRパーソンは加固三郎が「伝え、説得し、また、同時に自己匡正をはかる」と書いたように、自分たちの伝えたいアイデアをブラッシュアップして改良していくのです。自分と異なる知見を持つ人たちのアイデアが加わることで、新しい「あたりまえ」がより魅力的で強固なものになり、多くの人が乗れる船になっていくのです。

ＰＲの強さはここにもみることができます。

ケンカ別れとなるステークホルダーももちろんいるわけですが、対話を重ねることで、味方が増えていくのです。自社やクライアントが目指している新しい「あたりまえ」に、ステークホルダーと共に磨きをかけるのもＰＲの大事な仕事です。

そんな経験をしてきた自分は今、時代が新しい「あたりまえ」を求めている、そして多くの経営者やビジネスリーダーが新しい「あたりまえ」を普及させるテクノロジーを必要としていると感じ、ＰＲの技術を「あたりまえ」を普及させるという視点で整理して紹介する本を書くに至ったわけです。

すべてのイノベーションは辺境から生まれる

ここで改めてぼくの自己紹介をしておきます。

ぼくは１９９３年に博報堂に入社して、コーポレート・コミュニケーション局（現ＰＲ局）に配属され、ＰＲの仕事に出会います。

広告とＰＲの違いもわからなかった自分がその後30年以上もＰＲの仕事を続けるとはそのときは思ってもいませんでした。ＰＲという仕事が自分の性に合っていたのか、20代の仕事を通じてPRって意外とすごいコミュニケーション技術なのではと思うようになりました。

その後、2000年に朝日新聞社に出向して若者向けの新聞「SEVEN」の創刊プロジェクトを立ち上げます。新聞社で働いた2年は自分にとって貴重な経験であり、メディアの機能や、ジャーナリストの役割について知見を得ることができました。

2004年に書店員の目利きで選ぶ文学賞「本屋大賞」を企画、その立ち上げに参画（現在、NPO本屋大賞実行委員会の理事として本屋大賞の運営をお手伝いしています）、2006年にはPR発想でクライアントや社会の課題を解決するクリエイティブエージェンシー博報堂ケトルを立ち上げました。ケトルの仕事については第5章でお話ししたいと思います。

ここでは2012年に立ち上げた東京下北沢の書店〈本屋B&B〉の話と絡めてPRの話をさせてください。

ぼくは**「すべてのイノベーションは辺境から生まれる」**と常々思っています。

だから辺境で起きていることに、ものすごく関心があるんです。そこには、これから世の中を変える何かがあるかもしれない、と。

辺境にいる人たちが、ひっそりと新しいイノベーションを起こしても、世の中にはすぐに受け入れられません。むしろ逆風にさらされることがほとんどです。

だからこそ、そういった人々が次の新しいあたりまえとして、世の中に受け入れられるために、その手助けができる仕事はとても価値あるものだと思っています。

本屋もそんな新しいタレントに光をあてる仕事の1つです。

ぼくはブックコーディネーターの内沼晋太郎と共同経営で2012年から〈本屋B&B〉という書店を経営しているのですが、この書店のコンセプトは「これからの街の本屋」です。日常の生活のちょっとした隙間に、知られざる物語や情報とふと出会う時間があることはとても幸せなことであり、新しいアイデアはそんなタイミングに生まれるんだと考えています。

まだ多くの人に知られていない作家の考えが、ふと本屋を訪れた人と出会ってケミストリーが起きて、ビジネスのアイデアに生まれ変わったり、生活のヒントになっていく。そんなことを想像するとうれしくなってしまうんです。

ぼくにとって、書店を経営し続けることは、PRパーソンとして働くのと同じような感覚なのかもしれません。

今、有名な作家たちもみんな誰も知らない辺境からデビューして、新しい「あたりまえ」になったわけです。音楽の世界でも、モーツァルトも、セックス・ピストルズも、YMOも最初は変人だったはず。

本屋は新しい「あたりまえ」を生み出す変人たちが、世の中とはじめて手を握る場所でもあると思うのです。毎日入荷する本を見ているとそんなふうに思うのです。

人というものは、異なる価値観を持っている人と差異を乗り越えて、両者が合意できる価値を生み出せたとき、喜びを感じる生き物だと思っています。

哲学でいうところのアウフヘーベンがおきたとき、人は新しい地平を見ることができる。だから、**パブリック・リレーションズは人間社会を進歩させるだけでなく、個人個人の生活レベルにおいても根源的な人間の欲望を叶える方法なんだと思うのです。**


そういうわけで前置きが長くなりましたが、この本では、PRの思考と方法を新しい「あたりまえ」をつくるという観点から整理しお伝えしていきます。

第1章では、今私たちが人類史上、もっとも新しい「あたりまえ」が求められている時代に突入していることを明らかにします。

第2章では、PRが目指す「合意形成」とはどういうものか説明したいと思います。PRと広告との役割の違いについてもここで言及していきます。

第3章では、新しい「あたりまえ」をつくるために大切なPRの5つの原則について書きます。例えば、PR活動は必ず第三者を巻き込みます。自分でやらないのです。それがなぜ合意形成に、そして、新しい「あたりまえ」をつくることに効果的か説明したいと思います。この

ＰＲのエッセンスを身につけると、ステークホルダーとの合意形成のプロセスがより解像度高く理解できるのではないでしょうか。

第４章では、第３章で示した原則を踏まえ、新しい「あたりまえ」を普及するために、ＰＲパーソンが引く「補助線」として、「インサイト」「社会記号」「ナラティブ」など７つのキーワードを紹介し、そのメカニズムを解剖、ハックする方法をお伝えします。

第５章では、博報堂ケトルの仕事を事例として挙げながら、ビジネスにおいてＰＲの方法と視点をどう実践するのか説明したいと思います。

第６章は全体のまとめになりますが、加固三郎がＰＲは「現実にそれを実行する活動を伴わなければならない」とかつて言ったように（ぼくはこれをＰＲパーソンやビジネスパーソンへの苦言だと感じている）、リアルに新しい「あたりまえ」をつくっていくためには、多様性社会の中で、エンパシーが必要だという議論をしたいと思っています。

経済的格差、世代間のギャップ、都市と地方の溝、政治思想から宗教における宗派の対立まで、異なる価値観がぶつかり合い、分断が深まりつつある今だから、「違い」ではなく、「同じ」に目を向ける。いろいろ対立事項はあるけど、「ここは握手できますよね」と、異なる価値観をもつ人やグループと共通の利益を見つけ出す、ＰＲの考え方が重要になってきているはずです。

最初は目標や、思惑が異なる人たちが、いままでなかった概念に価値を見出すようになる。そして、新しい「あたりまえ」を一緒につくっていく。

社会をよりよくする「あたりまえ」をつくりたい人のために、パブリック・リレーションズの考え方から「合意形成」の技術のすべてをお伝えできればと思います。

第1章

今、世界は新しい「あたりまえ」を求めている

合意形成の需要が高まる世界的な潮流

世界のＰＲ産業の市場はここ数年成長を続けてきました。コロナ禍での落ち込みなども見られますが、大きな潮流としてＰＲ市場は拡大しています。日本でも同じようにＰＲ産業の規模は拡大しています。

グローバルのアドエージェンシーもＰＲ領域を成長分野として採用増や組織の拡大を図っています。コンサルティングファームもＰＲパーソンの採用をし始めているようです。

その要因として、ＥＳＧ経営の推進や、ＩＲやＨＲなどコーポレートＰＲ領域への関心の高まりが指摘されています。

一方で、ぼくは今、世界はどの時代よりも新しい「あたりまえ」を必要としていて、それがＰＲという「合意形成」のテクノロジーの需要を伸ばしていると分析しています。

世界は今新しい「あたりまえ」を求める次の３つの波に晒されています。

1　テクノロジーの波
2　ダイバーシティの波
3　サステナビリティの波

この章ではこれら新しい「あたりまえ」を求める世界的な潮流をとらえると同時に、新しい「あたりまえ」の誕生を邪魔する障壁についても述べていきたいと思います。

第1の波　2つの罠が待ち受ける「テクノロジー」

新しいテクノロジーが人々の生活を変え、新しい「あたりまえ」を生み出してきたことは説明が不要でしょう。そして今、私たちはＡＩを筆頭とするテクノロジーが生み出す第５次産業革命とも言われる爆発的な変化の中に生きています。

・お財布から現金をだして買い物する生活が、スマホひとつで決済するキャッシュレスという新しい「あたりまえ」に生まれ変わる
・会社に毎日通勤する日常が、リモート技術によって在宅勤務や二拠点生活という新しい「あ

たりまえ」に生まれ変わる

・人によるオペレーションから、ＡＩによるオペレーションが台頭し、電話よりも検索よりも、まずはＡＩに尋ねるという新しい「あたりまえ」に生まれ変わる

多くの企業の経営者は５Ｇ技術、ブロックチェーン技術、ＡＩ技術を活用したサービスの開発、提供を進めています。

多くの事業者は、新しいサービスは新しいライフスタイルを生み出すという期待や野望を抱いているはずです。テクノロジーによる新しい生活、新しい「あたりまえ」を提案したいスタートアップも次々と生まれています。

その普及を促進するために、ＰＲの合意形成の技術が必要とされているのです。

タイヤ会社がなぜ「ミシュランガイド」をつくったのか

はじめにでも書いたように、歴史をみれば、革新的な技術が常にすごいスピードで世界のあたりまえを変えていくのかといえば、そうでもないのが実情です。

今では誰もがあたりまえだと思う、車や鉄道による移動ですら、過去を振り返ると、すんな

りと世の中に普及していったわけではないのです。

人々は頭では新しいテクノロジーの利便性を理解していますが、慣れ親しんだ以前の習慣、つまり過去の「あたりまえ」、車や鉄道でいえば、馬車による移動という習慣を、なかなか捨てることができませんでした。

もちろん、みなさんは「ミシュランガイド」を知っていますよね。世界中のおいしい料理を提供してくれるレストランを紹介するガイドブックです。

この「ミシュランガイド」の始まりは1900年のパリ万博開催のタイミングに、ある企業がドライバーに必要な情報を無料で配布したもの。そう、その名の通り発行したのはタイヤ会社であるミシュランです。

なぜ、タイヤ会社がレストランガイドを発行したのでしょうか？　1900年当時、自動車は未来の乗り物として注目されていましたが、自動車産業はまだ発展途上で、車で移動するというライフスタイルは定着していませんでした。

タイヤ会社であるミシュランは、自動車産業が成長することで自社のビジネスを拡大できるわけ

1900年刊行の『ミシュランガイド』

で、自動車での移動が大冒険だった時代に、人々に安心・安全・快適に移動してもらうことが、自動車の普及につながると考えました。

そのため、当時の「ミシュランガイド」には、ドライバーのために、市街地図と、当時まだ数が少なかった自動車修理工場やガソリンスタンド、病院、休息をとるためのホテルなども紹介されていました。

このガイドブックは１９２０年に有料化され、１９２６年からは、おいしい料理を提供するホテルに星をつけ始めます。その星は「わざわざ訪れる価値のある」「遠回りしてでも訪れる価値のある」レストランがあるホテルを意味していたのです。現在でも使われている星の定義の誕生です。

このようにミシュランガイドは、ドライブして外食を楽しむという新たな「あたりまえ」の普及を促進したのです。

現代からしてみれば、家族のレジャーやデートでドライブを楽しむのはあたりまえなわけですが、昔はそうではありませんでした。車の運転をすることは、一部の人たちの趣味であり、一般の人からしてみれば危険な乗り物が出現したという感覚もありました。

イギリスでは車がロンドンの市街地を走るときは、赤旗を持った人が車を先導する「赤旗法」がつくられたくらいです。人が車を先導するなんて、車の利便性からしたら本末転倒ですよね。

頭で考えれば、車の馬車に対する優位性は明確です。馬の面倒を見なければならないし、御者を雇わなければいけない馬車に対し、自動車は休みなく走り続け遠隔地を目指せる。でも、「自動車」という新しいテクノロジーのメリットを理解していても、ドライブという習慣はそう簡単に根づかなかったのです。

自動車の歴史からわかることは**「人は、新しいあたりまえを開発者が思うようには受け入れない」**という事実です。そこで、ミシュランはクリエイティブな方法でドライブという新しい「あたりまえ」の普及を図ったのです。

「自動車」ぐらい革新的でわかりやすいテクノロジーでも、社会との合意を形成するために、あの手この手のPR戦略が必要だったわけです。

ここだったら、車の必要性を感じてくれますか？　という握手できるポイントが、郊外にあるレストランでのグルメ体験だったわけです。

キャッシュレス、ブロックチェーン、AIなど、革新的なテクノロジーでも、その普及のためには「この部分なら握手できますよね」というポイントを探すPRの技術は重要になってくるのではないでしょうか。

社会実装を加速する「パブリック・アフェアーズ」というソリューション

新しいテクノロジーの市場導入は時に既存の社会の仕組みやルールとフリクションを起こします。「世紀の大発明」と言われたセグウェイが日本で普及できなかった理由は道路交通法により公道を走れなかったからと言われています。セグウェイは2020年7月にひっそりとその製造を終了しました。

今、日本で議論を呼んでいるのがマッチングのテクノロジーを活用したライドシェアサービスです。日本では運送業法により「白タク」扱いになってしまうために、営業ができないという問題が当初発生しました。

その後、事業者の働きかけにより、2024年4月に道路運送法が改正され、タクシー会社が運行管理し、車両不足が深刻な地域や時間帯に絞るなどの条件つきでライドシェアが解禁されました。

このように、新しいテクノロジーを活用したサービスの普及には、渉外《しょうがい》活動を通じた既存のルール（法律や条例）の変更を促す活動が必要になることが多々あるのです。

そのためには、議員や、政府の監督官庁、自治体、あるいはそれらに影響力を及ぼす業界団体や、商工会議所などに対して新しいテクノロジーがつくる未来の世界の価値——つまり新しい「あたりまえ」が世の中にもたらす便益をしっかり説明し、彼らに制度を変える意義を理解し、行動を起こしてもらわなければなりません。

新しいテクノロジーが、法制度など既存のシステムと齟齬《そご》を生じたとき、そのギャップを解消するPRの技術は**「パブリック・アフェアーズ」**と言われ、1970年代にアメリカで誕生し、サービスとして体系化されてきました。

具体的には、新たなテクノロジーの導入の意味を、政府・政党・自治体・所轄官庁・業界団体・商工会議所、ときに学会や関連NPOなど制度制定に関わるさまざまなステークホルダーに説き、法律や条例の制定や改定などを含めて新たな制度を定着させるサービスです。

議員への陳情活動を示すロビー活動も、パブリック・アフェアーズの一環ですね。

例えば、日本で2022年から企業の経費精算がデジタル化したのも、実はパブリック・アフェアーズを推進したPRパーソンたちの成果です。

出張・経費管理クラウドサービスを提供するコンカーは、パブリック・アフェアーズで知られる井之上パブリックリレーションズと、日本のビジネスパーソンが膨大な時間を領収書の糊づけなど、経費精算の作業に取られている実態を調査し、「働き方改革」を推進するためにも経費精算のデジタル化が必要であると関係省庁に働きかけ、法律改正のきっかけを作りました。

それまでの日本の法律では、企業に過去7年分の経費の領収書の保管を義務づけていました。ですから、日本のサラリーマンたちは毎月紙の領収書を社内書類に糊づけする作業に追われていたのです。

デジタルの経費精算を「働き方改革」という多くのステークホルダーが目指すべきテーマの中に位置づけたことで、議論が加速しました。まさに、立場の違う人たちが握手できるポイントを見つけ出すPRパーソンの合意形成の技術が、領収書はデジタルで処理・保管するという新しい「あたりまえ」を目指した法律の改正の背景にあったわけです。

新しいテクノロジーが続々と実装される現在。パブリック・アフェアーズの市場の伸びは大きいと予測され、日本でも業界団体が設立されたり、PR会社がパブリック・アフェアーズのスキルをもった人材の採用を強化するなどの動きが見られます。

テクノロジーの社会実装を進める事業者はこれからパブリック・アフェアーズの支援を受けやすい環境になっていくことでしょう。

見過ごしがちな「普及の罠」と「制度の罠」

まとめると新しいテクノロジーの普及には、開発者が気づきにくい2つの「罠」があります。

1　**普及の罠**：みんなが新しいあたりまえに飛びつくイノベーター的な性質を持っているわけではない。便利だと理解されても、実際に多くの生活者に受け入れられるにはタイムラグがある。

2　**制度の罠**：新しいテクノロジーの普及に際し、過去のルールや制度とのフリクションが発生する。国や行政などに対する働きかけによって、法律や条例などの制度を変える必要がある。

すぐれたテクノロジーだからといってすぐには受け入れられない現実があるのですが、開発者は新技術の開発に猛進するために、時にこの壁を忘れがちです。

そこには、生活者が納得する合意形成が必要で、**開発者が想像もしなかった理由でテクノロジーが世の中に受け入れられていくケースも多いのです。**

立法や行政との交渉はさらに複雑です。ライドシェアにおけるタクシー業界など、テクノロジーの推進者と敵対する人々の利益を代表するステークホルダーとも合意形成が必要になるからです。

ビジネスパーソンが新しい技術の普及をはかろうとするとき、異なる価値観を持つ、交渉相手と握手できるポイントを見つけるPRパーソンの視点は不可欠なのではないでしょうか。

第2の波　分断を越えた対話が求められる「ダイバーシティ」

2つ目は「ダイバーシティ」の波です。この10年ほどで、世の中のダイバーシティは一気に加速した感があります。

「DE&I（ダイバーシティ・エクイティ・アンド・インクルージョン）」という言葉がメディアやビジネスカンファレンスで取り上げられ、特にジェンダーに関する議論は会社や学校でもよくされるようになったのではないでしょうか。

多様な価値観、個性を持つ人たちが住みやすい共生社会を作っていこうという世の中の流れが生まれています。

ダイバーシティ社会を考えるとき、SNSの存在は無視できません。一人ひとりのさまざまな意見を聞くソーシャルリスニングがより容易になって、今まで気づかれなかったサイレントマジョリティの存在が顕在化して、「みんながちがってみんないい」社会に向かって動いている、とも言えますが、批判の声が大きいラウドマイノリティが目立ってしまうという状況も同時に生まれています。

さまざまな意見がより顕在化しやすい状況は、意見を尊重する土壌にもなりますが、ある特定のイシューに賛成している人、反対している人がグルーピングされ、分断が生まれやすい状況を作っていると言うこともできます。

そんなダイバーシティのあり方が問われる世の中で、意見の分断に企業などが巻き込まれ、PRによる合意形成の働きかけが必要になるケースはこれから増えていくのではないかと考えられます。

「子どもの声は騒音なのか」論争

2022年12月、長野県長野市が市内のある公園を廃止するという決定をしました。長野市は地権者の意向としましたが、住民の騒音への苦情が発端だったという報道があり、ネット上で「子どもの声を騒音ととらえるのはおかしい」などの投稿が相次ぎました。

政府関係者が「ドイツでは子どもの声を騒音としない法律がある」と発言したり、2023年、4月には「異次元の少子化対策」を進めていた岸田総理も日本における法制化について前向きな発言をし、ネット上では「子どもの声は騒音なのか」という論争が続きました。

イーロン・マスクは「出生率が死亡率を上回らない限り日本は消滅する」というショッキングな発言をしていますが、人口減少が進む日本では、経済的な競争力を維持するという観点からも、さまざまな取り組みが行われています。

国レベル・自治体レベルでは、子育て支援の政策が導入され、異次元の少子化対策を謳い「児童手当」の支給が開始されました。企業も従業員満足度を高めるために子育てしやすい労働環境づくりや支援策の実施を進めています。

子育て中の親が子どもの声が迷惑にならないか気にし過ぎて、萎縮しながら子育てするのはいかがなものだろうと思います。周囲の人たちの理解がある中で子育てできる社会が理想です。

しかし一方で、結婚しない選択、子どもを持たない選択をした人たちの中の一部に、子育て支援が積極的に行われている状況を公平性の観点から、快く思わない人たちもいます。そんなとき、どう落とし所を見つければいいのでしょうか？

この公園の騒音をどう扱うべきかは行政が対峙したケースですが、このようなさまざまなイシューに対して、異なる意見を持つ人たちが対立する狭間に企業が巻き込まれるケースは今後どんどん増えていくのではないかと予想されます。

例えば、不動産会社、ディベロッパーが商業施設開発をするときに、ジェンダーレストイレを設置するかしないか判断を迫られたり。メーカーが特定ターゲットのための商品を開発したときに、そのターゲットと対立する集団からクレームを受けたり。そんな事例が考えられます。

そのとき、異なる価値観を持つ人たちの間を取り持つ、双方が納得する、少なくとも積極的に反対できないヴィジョンを発信できるPRの技術が必要とされるのではないでしょうか。

ブランドは誰のものか？　スープストックトーキョーが示した理念

そんなダイバーシティ時代に、分断の狭間で炎上が発生したにもかかわらず、すぐれたPRメッセージの発信で合意形成を図ったのがスープストックトーキョーでした。

2023年の春、子育て中の親御さんに対して離乳食の無料配布サービスを実施したところ、「スープストックは、わたしたち独身女性がリラックスできる場だったのに、このキャンペーンで子ども連れが増えたら行きづらくなってしまう」というような意見がSNSにあがったのです。

賛同する人たちがリツイートや「いいね」をしたり、自らも意見を発信したりして、瞬く間に議論が起こったのでした。このとき、スープストックトーキョーの対応は見事なものでした。

ＳＮＳでの騒動の後、公式サイトで次の声明を発表したのです。一部を抜粋してみます。

私たちスープストックトーキョーの企業理念は、「世の中の体温をあげる」です。スープという料理を通じて身体の体温をあげるだけではなく、心の体温をあげたい。そんな願いを一杯のスープに込めた事業を行っています。

その理念のもと、さまざまな理由で食べることへの制約があったり、自由な食事がままならないという方々の助けになれればと「Soup for all!」という食のバリアフリーの取り組みを推進しています。（中略）

私たちは、お客様を年齢や性別、お子さま連れかどうかで区別をし、ある特定のお客様だけを優遇するような考えはありません。

私たちは、私たちのスープやサービスに価値を見出していただけるすべての方々の体温をあげていきたいと心から願っています。（以下、略）

離乳食を提供するのは「Soup for all!」という価値観に基づいているという、企業としての基本方針を改めて表明したわけです。

年齢、性別を問わず、すべての顧客にスープストックトーキョーが提供するサービスで「心も温めて」もらいたい。そういう理念を顧客と確認し合ったんですね。

このコミュニケーションは、離乳食サービスに賛成する人はもちろん、ネガティブにとらえた人に対しても、ブランド価値の再認識をしてもらうことになりました。

スープストックトーキョーは咀嚼《そしゃく》が難しい人へ配慮した食の提供など、「食のバリアフリー」を目指す活動をこれまでも続けてきました。一貫性のある企業姿勢は説得力があり、多くの顧客からの支持を獲得できたわけです。

顧客とブランドの合意形成において、オーセンティシティ（第4章で説明します）が発揮されたすぐれた事例とも言えます。

ブランドは顧客に愛されることでブランドになります。商品カスタマイズ施策など、顧客のアイデアを取り入れることによって、ブランドが更に魅力的になるケースも多々あります。

しかし、ブランドには、そのブランドがそのブランドであり続けるために譲ってはならないコアな価値があり、その価値を通じて顧客との合意形成を図る努力を続けていかなければいけません。

現代社会はさまざまな意見の対立が表面化しています。例えば、結婚・出産は祝うべきものなのかなど。同時に企業の活動範囲も広くなり、知らないうちにこれらの分断に巻き込まれて炎上するケースが増えることは想像に難くありません。

企業トップのちょっとした発言が、価値観の異なる人たちから攻撃され炎上するケースも増えていくでしょう。もっとも大事なステークホルダーである顧客と、自社ブランドが、どの部分で握手しているのか？　ブランドホルダーは顧客と共通点を絶えず意識し、顧客と合意の確認をし続け、ブランドのコアの価値が毀損《きそん》されるのを避けなくてはなりません。

もちろん、すべての人が納得することは難しいかもしれません。合意形成のプロはより多くの人が納得する上位概念を提示し、考え方の違う人たちが、その違いを超えて、共感できるビジョンを提示する技術を持っています。

この部分においては同意できますよねという握手できる部分をたえず探る合意形成の技術が、多くの人が支持するブランドをつくり、そのブランドのつくる世界＝新しい「あたりまえ」を強固にしていくのです。

ダイバーシティが進む世界の中で、ビジネスを進めるために、そして新しい「あたりまえ」をつくっていくためには、主義主張が異なる価値観を持つ人たちが、合意できるビジョンを提示しなくてはならないのです。

第3の波　当事者意識が求められる「サステナビリティ」

最後は「サステナビリティの波」です。

かつて大量生産、大量消費による消費社会が美徳であり、経済成長こそが人々を幸せにすると思われていた時代もありました。けれどもそんな生活を続けていくと、地球環境が壊れ、人類社会も今までの生活を送ることは不可能だということは誰の目にも明らかです。

私たちはこれまでの生活を変えていかなければならず、今まで「あたりまえ」だと思っていた行動を改め、新しい「あたりまえ」に基づいた行動へシフトしなければなりません。

しかし、持続可能な世界を作っていこうという、サステナブルな思考は、北欧諸国やZ世代を中心に支持されていますが、多くの人に自発的にその合意が浸透していないのが現状ではないでしょうか。

国連は2050年までに達成すべき持続可能な開発目標を「SDGs（Sustainable Development Goals）」として制定し、世界的にZ世代では「値段が高くても環境負荷が優しい商品を選ぶ」ことや、「性的マイノリティに配慮した企業」を支持するということが「あたりまえ」になりつつあるのですが、日本人の意識は高いとはいえず、心配になります。

例えば、日本では2020年7月から、全国一律でプラスチック製の買物袋の有料化が始まりました。それまで、スーパーやコンビニでレジ袋をもらうのが「あたりまえ」だったわけですが、それに取って代わって自己負担が「あたりまえ」になったのです。

しかし、それで安心してしまったのか、日本人のプラスチックに対する意識はかなり低いようで世界との間に考え方の差が出ています。

グローバル市場調査会社イプソスが環境保護団体のPlastic Free Julyと共同で実施した「使い捨てプラスチックに関する意識調査」によると、調査対象28カ国の中で、日本は使い捨てプラスチックの禁止に同意する割合がもっとも低く、プラスチックの使用ができるだけ少ない製品を好む割合も低いのです。

プラスチックの削減に関して日本で合意形成が進んでいるとはまだまだ言えません。

課題先進国、日本にこそ求められる「合意形成」の知恵

地球温暖化は取るに足らないイシューであるという主張をする右派のポピュリストたちの存

在も、サステナブルな社会を実現するための合意形成の動きを阻んでいます。

頭では理解していても、一度慣れてしまった生活を変えるのはとても難しいという話は「テクノロジーの波」のパートでお話ししましたが、ある意味不便な生活に戻らなければいけない合意形成はなかなか難しく、生活態度を根本から変えられないのが実情なのではないでしょうか。

しかし、この合意形成は諦めてはいけないものです。

もちろん環境問題をマクロに眺めると、法律による規制など国家・産業レイヤーでのルール設計が必要なのは当然ですが、その国家や産業を担う一人ひとりは、いち国民、いち生活者、労働者でもあります。

つまり上からの強制だけではなく、一人ひとりが能動的に態度や行動を改めていく必要があります。

企業にとってもこの環境の中でどう持続的に成長していくかは大きな課題であり、顧客を含む、さまざまなステークホルダーと合意して、環境負荷の少ない商品・サービスの開発、生産、流通、廃棄を実現していくことが急務です。

PRには新しい「あたりまえ」の普及のために、対話を通じて、ステークホルダーを巻き込み、能動的な情報発信や活動を促してきた実績があります。

地球温暖化問題をはじめとする環境問題への対応は、最新のテクノロジーの活用と同時にP

Rの技術も、今まで以上に広く使われるべきだと考えます。

日本では環境問題以外にも、労働人口の減少、大都市と地方の格差など社会課題が山積みで、日本は「課題先進国」とも呼ばれています。例えば、「関係人口」になったり、「二拠点生活」を送るなど地域格差を解決する新しい「あたりまえ」を生み出すために、これからもっと民間の知恵や資本が必要になってくるでしょう。

今まで、社会課題の解決には主に税金が投入されてきましたが、これからは企業による社会課題解決の動きも進むでしょう。

行政は産官学が参画する社会課題解決の道を模索し始めていますし、企業が社会課題を解決することで、ブランディングだけでなく、実業の利益を上げていこうとする「CSV（Creating Shared Value)」や「ゼブラ企業」という考え方が浸透しつつあります。

環境問題をはじめとする社会課題解決に新しい「あたりまえ」を推進するビジネスパーソンの知恵が求められているのです。

第2章

違いを見つけるとほめられる「広告」、同じを見つけるとほめられる「PR」

広告は差別化ポイントを、ＰＲは共通の目的や利益を探る

この本において合意形成とは、「今までにない概念の定着とそれに伴って人々が考えや行動を変えること」です。

女性の社会進出や男性の育児参加、新しい働き方、キャッシュレスからデリバリーフードの習慣まで、かつての「あたりまえ」、つまり既成概念とは異なる価値観やライフスタイルなどが、世の中に浸透、普及するのを支援、加速する合意形成の活動こそがＰＲの真髄です。

ＰＲ活動のその先に「ひとり焼肉」や「グランピング」「ワーケーション」などの、今までだったら考えられなかった行動が定着し、新しい文化になっていくのです。

ここからは合意形成について、もう少し具体的に理解してもらうために、広告・マーケティングとＰＲの違いを説明したいと思います。

ぼくはその両方を仕事にしてきて、新しいアイデアを世の中に浸透させるやり方において、広告とPRは根本的なアプローチの仕方が異なることを認識するようになりました。

広告はTVや新聞雑誌、インターネットなどメディアの広告枠を購入し、そこに企業が発信したいメッセージを掲載するものです。

一方で、PRは自分で情報の発信をせず、影響力のある第三者に対して、「この新しいアイデア、おもしろいと思いませんか？」と問いかけ、情報発信など新しいアイデアの普及のための何らかの行動を起こしてもらいます。

つまり広告は自分で発信し、PRは第三者が発信するというふうにざっくり言うことができます。さまざまなスキルや専門性を持っている人たちが世の中にたくさんいるわけだから、自分でやらずに彼らの力を借りて新しい「あたりまえ」を広めていくわけです。

この違いは多くの人が指摘するのですが、ぼくはもう1つ、広告とPRの違いで重要な点があると考えています。

それは、ひと言で言うと、**広告は人と違うところを見つけるとほめられる仕事で、PRは人と同じところを見つけるとほめられる仕事だということ**です。

広告は、新商品が出たときなど、「今までとは違うこんな商品が出ました！」と発信することが多いですよね。

例えば、車の広告だとしたら、うちの車は他社の車より、燃費がいいですとか、デザインが優れていますとか、荷室が大きいとか、同じ市場における競合他社の商品・サービスとの差別化ポイントを強調することで、消費者の関心を高めるわけです。

つまり、広告をする人は、競合商品との差別化ポイントを探し、その違いを印象に残るやり方で表現することが得意です。

一方で、ＰＲの仕事は、時に価値観の異なる人や集団との間で共通の利益、つまり「ここは握手できますよね？」というところを見つけるのが得意なんです。

ＰＲの最大の武器であるパブリシティも実は、「ここは同じですよね」を見つける仕事なんですよ。

例えば今、プロの麻雀リーグが立ち上がっています。その活動を世の中に広めるために、ニュース番組に露出させたいとします。

しかしギャンブルのイメージがある麻雀はニュース番組ではなかなか報道しづらい側面があります。そこでＰＲパーソンは、「麻雀がボケ防止に役立つということで注目を集めている」という切り口を考えるわけです。プロ麻雀リーグの選手の中には、「健康麻雀」という看板を掲げシニア向けにボケ防止のための麻雀教室を開いている人がいます。こんな情報をメディアに提供するわけです。

夕方のニュース番組は視聴者に多くのシニアを抱えていて、「ボケ防止」という切り口なら視聴者にとっても有益な情報であるし、社会的にも価値がある、メディアが報道するに値する情報になるのです。「ボケ防止」が、プロ麻雀リーグと報道するメディアの双方で、共に握手できるポイントになるわけです。

パブリシティは単にプレスリリースを出したり、記者会見をすることで記事化や番組化が進むわけではなく、各メディアが持つ世界観やその視聴者のニーズと、発信したい情報の共通点を探る駆け引きの中でディールが成り立つのです。

広告とPRのアプローチの違い

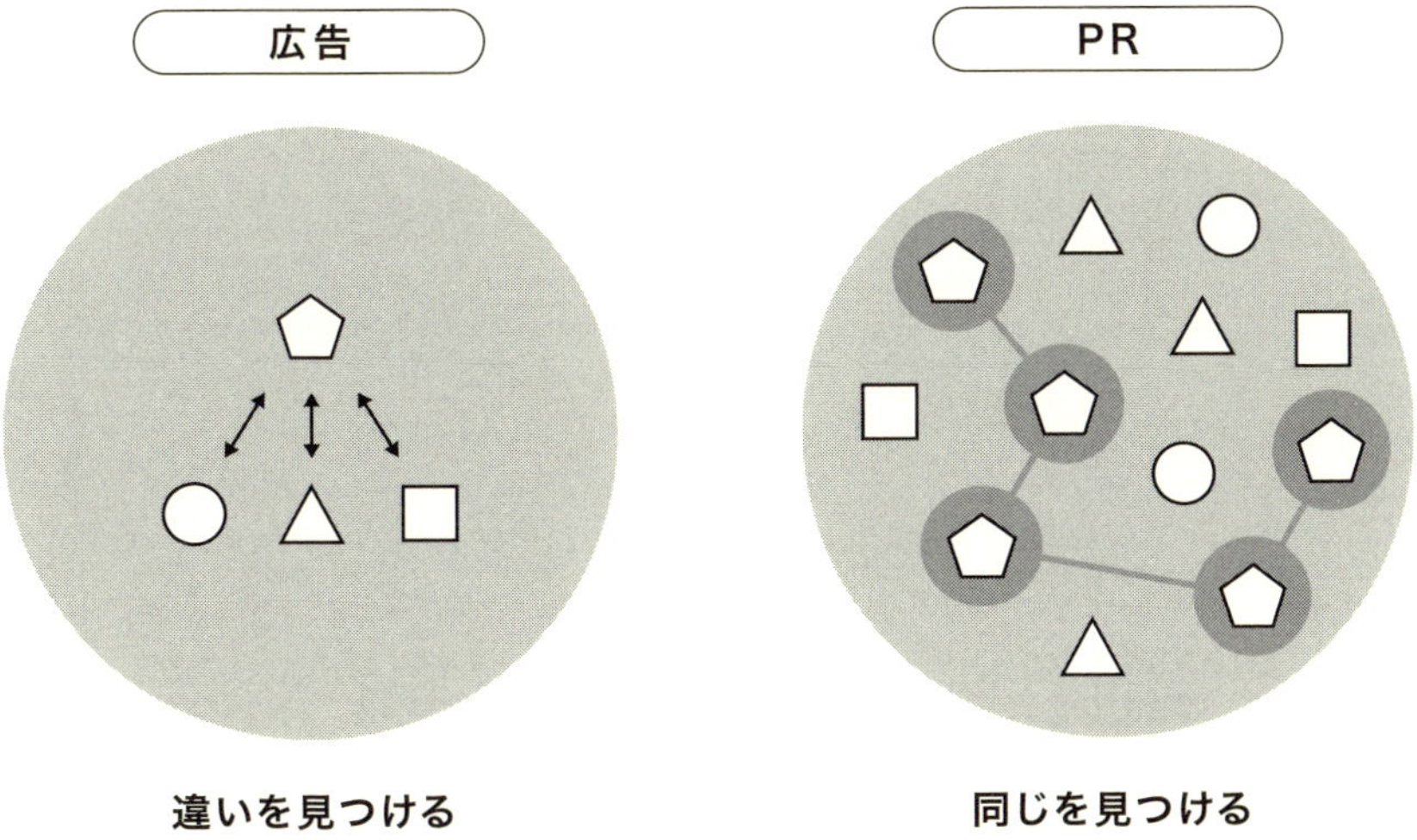

民泊は「同じ」を見つけるPRで普及した

そんな同じところを見つける合意形成は、報道してもらう活動だけにあるわけではありません。今では、Airbnbをはじめとしたさまざまな民泊サービスがずいぶんと浸透してきました。旅に出るときに、今までどおりホテルや旅館に泊まるのではなく、他人の家やアパートメントを借りて利用する選択肢は、新しい「あたりまえ」になりつつあります。

民泊を世に広めたいと思ったとき、広告的に考えると、宿泊という市場における体験の差別化をアピールしていきます。例えば、「それは今までにない宿泊体験」などのように、ホテルや旅館に泊まるのではない体験を発信するのではないでしょうか。

画一的なホテルや旅館の部屋ではなく、生活するように泊まれる民泊は、地方文化に自然に触れることができる今までにない体験です。この「ここが今までとは違うでしょ」というメッセージは、新しい体験が好きな、キャズム理論でいうところのアーリーアダプターの人たちに対して有効なアプローチです。

でも、世の中には新しい体験をすぐには受け入れられない人たちもいるわけです。「今までどおりホテルでいいよ」と思う人もいるし、「気がついたら、隣の家に知らない外国の人が泊まっていたらなんだか嫌だな」とか、「知らない人が知らぬ間に泊まっていたら、地域の治安が悪くなるんじゃないか」なんて思う人がいても不思議ではありません。民泊が普及することに対してネガティブなことを思う人は存在するわけです。

こんなとき、ＰＲは広告とは逆に「同じところ」、つまり、ここは共通の利益になりますよね、というポイントを見つけて、合意形成を進めることで、世の中に民泊という概念を広めていくのです。

ある地方自治体が「関係人口を増やす」ということを目標にしていたとします。そのとき、ＰＲパーソンは「民泊のプラットフォームという新しいサービスを利用したら、みなさんの自治体を訪れる人、ひいては関係人口になる人が増えるのではないでしょうか」というように、「関係人口」という握手できるポイントを探して、民泊の採用を働きかけるのです。

たしかに旅館やホテルに泊まるのではなく、地域の家庭に泊まって地域の文化や人々にダイレクトに触れることで、関係人口が増える可能性はありますよね。

あるいは、「空き家対策」が課題になっている自治体に対して、ＰＲパーソンは「民泊という新しいサービスの導入によって、空き家対策が進むのではないでしょうか」という提案をし、例えば民泊を活用した空き家の有効利用の実証実験などをすすめるのです。

ここは同じ目的のために動けませんか？　と同じところを見つけることで、新しいアイデアをより普及させていくことこそがまさにＰＲの仕事なのです。

世界最大級の宿泊予約プラットフォームAirbnbは、自治体とのさまざまな共通利益を見つけることで日本における民泊サービスをリードしてきました。まさに、ＰＲ的な思考とアプローチがその活動を支えてきたのです。

通称「民泊新法」と言われる「住宅宿泊事業法」の制定のための働きかけを行政にすると同時に、地域社会に対して民泊が浸透しやすくなるような調査研究・実証実験などを進めたのです。

具体的には、「空き家×Airbnb＝地方創生」といったテーマで、東京大学と共同研究を開始するなど、民泊を通じて社会問題を解決に導く方法を模索しました。

つまりステークホルダーが互いに共有できる目的やテーマを提示することで、関係性の土壌を作り、対話をすすめ、民泊の普及を促進してきたのです。

このように、ＰＲはあちら側のニーズとこちら側のニーズが重なるところをいくつも見つけながら、プレイヤー同士が手と手を握るお手伝いをする仕事です。

同じところ、共通の利益を見つけることで、新しい「あたりまえ」がより普及しやすくなるように、さまざまなプレイヤーの動きを後押しするのです。

もちろん、相手が新しい価値観に合意してくれないときもあります。そんな状況でも一方的に主張をするのではなく、対話によって譲れるところは譲りながら、「ここなら、互いに握手できませんか？」「ここなら同じ目標を目指せませんか？」と、その人の価値観と重なるところがないか模索をし続けるのです。

それは対立する人たちの間にたって、哲学者ヘーゲルのいう**「アウフヘーベン（止揚）」**を提示するアプローチともいえます。

下の図のようにAとBが対立しているとき、両者が納得できるであろう解決策Cを提示するのです。

PR活動においては、クライアントの方針に反対を唱えるステークホルダーももちろん現れます。PRパーソンはそのとき、両者が満足する方向性を模索します。一歩も進まないよりは、反対派の人も含めて前進できる選

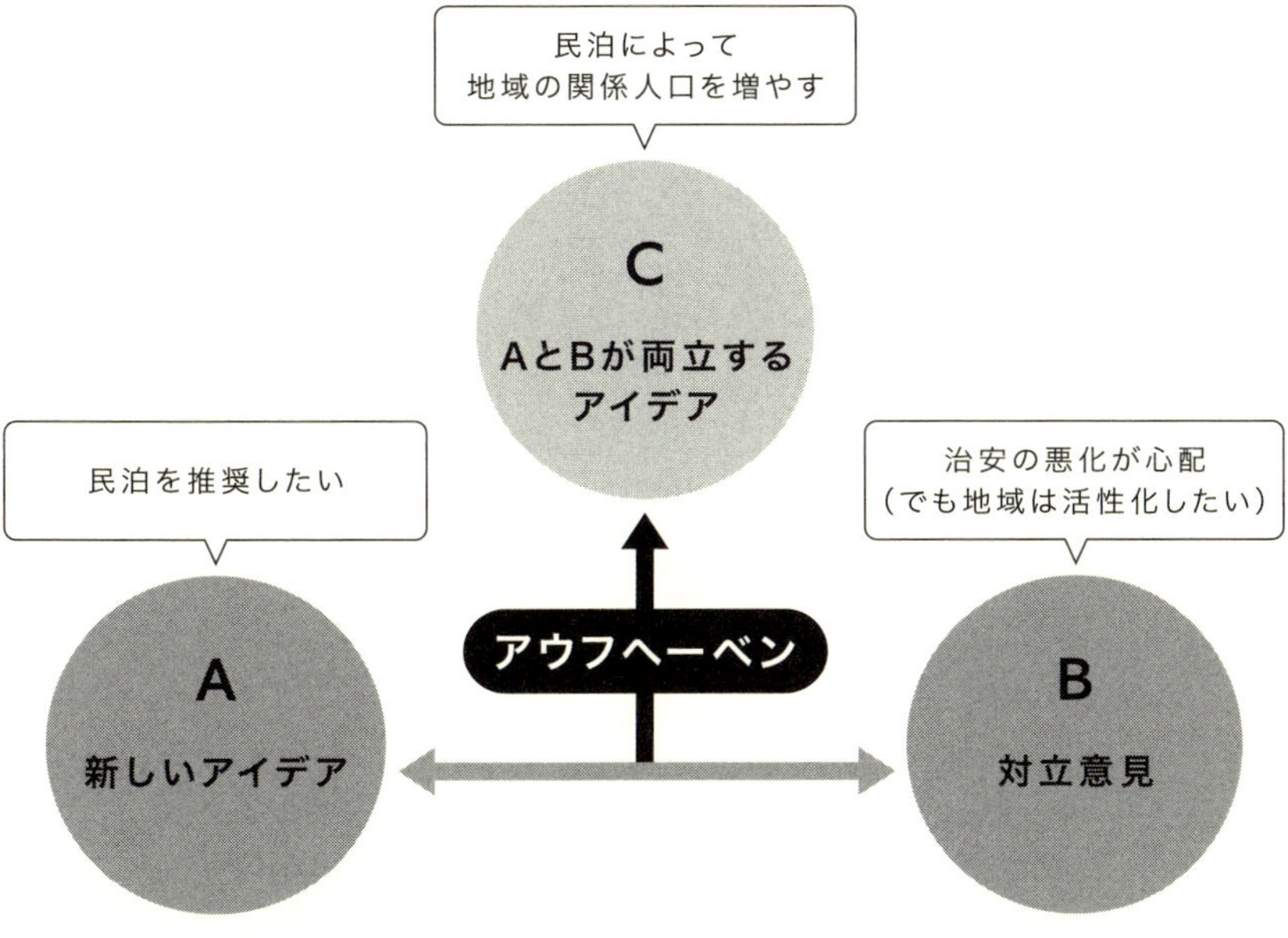

択肢を考えるのです。

「同じところを見つける」というアプローチは、マーケティングやコミュニケーションの世界だけではなく、事業開発の領域でも重要になってくるとぼくは考えます。

トヨタの豊田章男会長は「トヨタは自動車メーカーからモビリティカンパニーに生まれ変わる」と宣言しました。そして、モビリティカンパニーの事業開発には、車メーカー以外のさまざまな業界の知見とビジネスを共創していかなければいけないと、記者会見で「この指とまれ」とアピールしました。

つまり、同じモビリティサービスの未来を描けるなら、業態を超えて協力し合い新しい未来の「あたりまえ」をつくっていきましょうという宣言をしたわけです。

「共創の時代」と呼ばれる今、たがいに異なる知識や体験を持つ人が集まって新しい知恵を生み出さなければ産業にイノベーションは生まれません。ここはご一緒できますよね、という「同じ目的やテーマ」を見つけて提案する技術は、新産業創出、事業開発にとっても必要になるはずです。

広告換算「2億円」のメディア露出そのものに意味はない

日本ではPRパーソンが生み出した成果は大概パブリシティの「広告換算」で評価されてきました。もちろん、メディアへの「露出量」というのは、テレビ局のプロデューサーや新聞記者がPRパーソンの提供する情報に興味を持ち、その情報を世の中に伝えようと思った総量を指し示す数字ではあります。

しかし本来は、2億円分などのメディア露出そのものが目的ではないはずです。

PRの目標は世の中における新しい「あたりまえ」の定着ですから、「2億円パブリシティを獲得しました」という結果を出しても、それは新しい「あたりまえ」の普及のための第一歩に過ぎません。

パブリシティは人々の意識や態度を変容させる手段の1つなのに、あたかも露出そのものが目標になってしまっていて。ぼくは日本におけるPRの評価の仕方は健全ではないと思っています。

たしかにPR業界にとっては、番組や記事で企業や商品を紹介してもらう「パブリシティ」は売りやすい技術でした。実際、テレビ・ラジオ・新聞・雑誌というあいわゆる「4マス」と言われるメディアが影響力を誇っていた時代にその効果は絶大でした。パブリシティが認知や販促に圧倒的な効果をもたらしたのです。

情報番組やワイドショーで紹介した食品が翌日スーパーの棚から一斉になくなったり、ドラマで俳優が着ていた服が人気になって売り切れたりと、企業マーケティング担当者から見て、パブリシティは販促活動の重要な手法として認識されるようになったのです。

PR会社側もテレビ番組のパブリシティ活動というわかりやすい売り物を中心にセールスしたし、PRを依頼する事業会社にとっても、パブリシティは上司に費用対効果を説明しやすい買い物だったと思います。なので、PRパーソンはパブリシティを広告換算した露出量を競い合ってきました。

しかしその結果、本当に意味があるのかわからないワイドショーでの露出獲得のために、芸能人を起用した新商品発表会を開催したりするようになってしまいました。

もちろん商品やブランドにとって意味のあるタレントを配した効果的な記者会見もあるのですが、「このワイドショーに露出させれば、広告換算があと一億円稼げる」といった具合に、露出量を増やすためだけの本末転倒な施策が増えてしまったことは否めません。

こういう状況は、PR業界が自ら提供できる大きな価値を過小に提示してしまうことになっていると危惧しています。

少しうちわ向けの愚痴になりますが、若いPRパーソンがパブリシティの仕事だけをしている状況はもったいないなあと思うのです。メディアとは違う形で社会に対する影響力を持つステークホルダーとの会話がおろそかになっているのではないでしょうか。

マスメディアの影響力が低下している時代ですから、他のステークホルダーに対しても「同じところ」を見つけ、新しい「あたりまえ」の普及を促すことが大事になってくるはずです。このような状況は、ＰＲを発注する事業会社にとってももったいないことです。新しい「あたりまえ」の普及のために、もっとさまざまな梃子を動かせるはずなのです。

カンヌで提示された合意形成の3段階の評価基準

では新しい概念を普及させるＰＲの仕事はどう評価されるべきか、ここで世界のコミュニケーション・クリエイティブ産業が集いその仕事を競い合うカンヌライオンズ[1]における評価クライテリアを紹介します。

1　カンヌライオンズ：カンヌ広告祭、改めカンヌ・クリエイティビティ・フェスティバルのこと。１９６０年代からフィルム部門（テレビＣＭ）とプレス部門（新聞、雑誌のグラフィック広告）のアワードがあり、20世紀末になってプロモーションやデザイン、サイバーなど多様化したコミュニケーション、ブランディングの技術を競い合う部門が追加された。ＰＲは２００９年に新しいカテゴリーになった。

カンヌ・クリエイティビティ・フェスティバルはもともとカンヌ映画祭の広告部門が独立したものです。シネアドはテレビＣＭが生まれる前にもっとも人々が注目する広告だったわけです。

カンヌにおけるＰＲ部門の評価軸はとても明快で、ＰＲの仕事が人々の態度を変容させ、世の中に今までなかった行動を定着させることを最終ゴールにしています。

２０１１年に、ぼくは初めてカンヌのＰＲ部門の審査員の仕事をしました。その年のＰＲ部門の審査委員長で、グローバルＰＲ会社であるフライシュマン・ヒラードのＣＥＯだったデイブ・セネイは、審査員があつまったキックオフ会議で次のようなピラミッド型の図をホワイトボードに描きました。

下から順に、「認知の獲得」、「認識の変化」、「行動の変化」という3つのステップになっています。この順番にＰＲの効果が現れていくと考えてください。

ベースにあるのがアウェアネス（Awareness）、つまり**「認知」**です。人々が新商品の存在を知ったり、社会問題の存在に気づいたりすることです。

広告の露出や、パブリシティの獲得数など情報の露出量がこの段階における人々の気づきに大きな影響をあたえます。ネットのＰＶ数や、いいねの数、動画の再生回数なども人々の気づきに影響をあたえるものとしてとらえられます。

その次の段階がパーセプションチェンジ(Perception Change)、**「認識の変化」**です。「男性も育児に参加すべきかも」とか、「飲めない人が飲み会にきてもいいじゃない」というふうに、今までのあたりまえと異なる考え方を人々がするようになることです。

そして、最後がピラミッドのトップのビヘビアチェンジ(Behavior Change)。つまり、**「行動の変化」**です。実際に男性が育児に参加したり、企業が飲めない人向けに新商品を発売したり、飲み会で「飲めない人はいますか?」とノンアルを勧める人が現れたり、多くの人の態度、行動が変わっていくフェーズです。

人は「認識」が変われば、すぐに「行動」も変わるわけではありません。もしそれであれば気候変動問題はとっくに解決しているわ

合意形成の評価基準

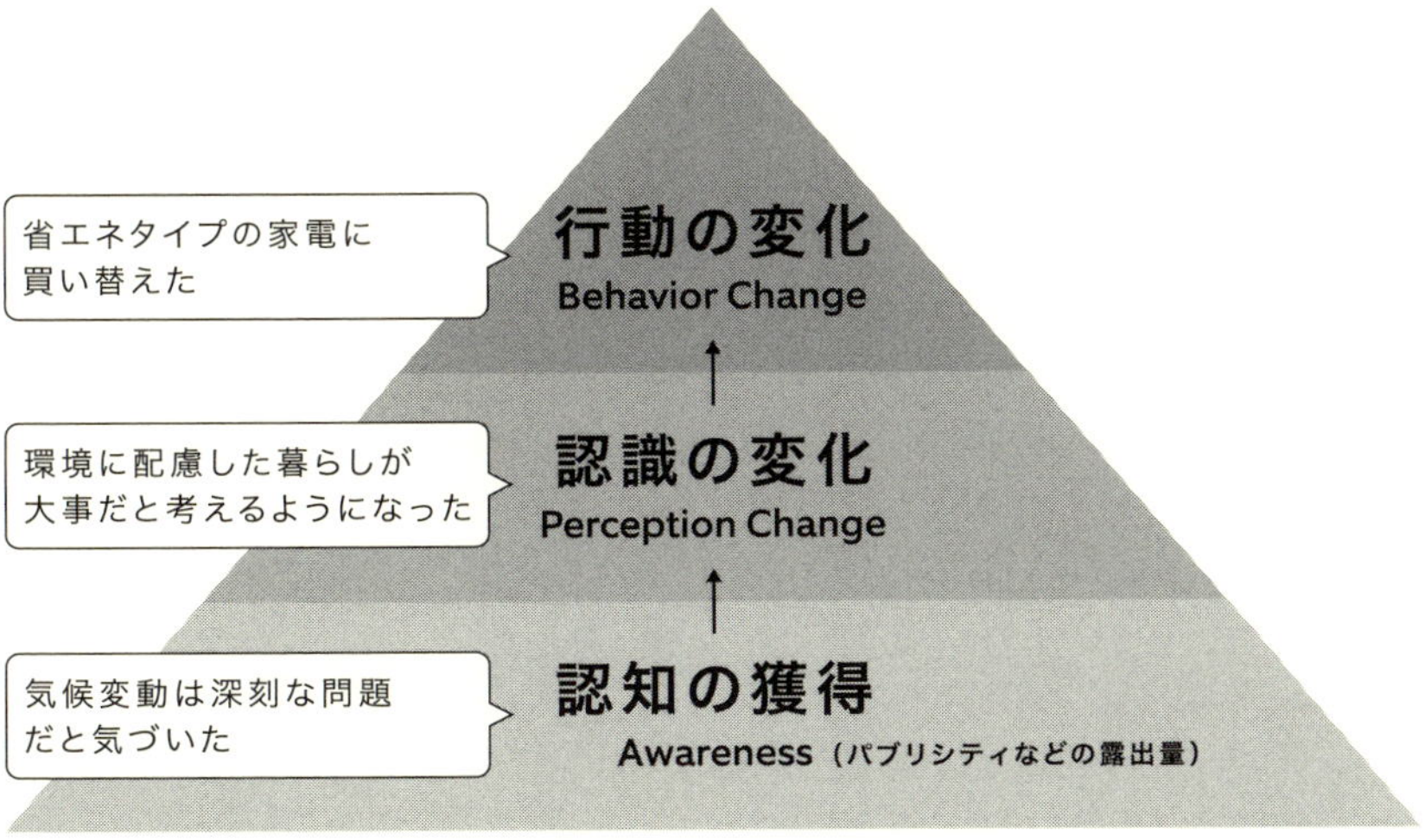
行動の変化
Behavior Change
省エネタイプの家電に買い替えた
認識の変化
Perception Change
環境に配慮した暮らしが大事だと考えるようになった
認知の獲得
Awareness（パブリシティなどの露出量）
気候変動は深刻な問題だと気づいた

けです。新しい「あたりまえ」を定着させるためには、人々が能動的に行動を起こすところまでたどり着かなくてはなりません。認識した人が自ら行動を起こすには、握手できるポイントを見つけて、そのスイッチを押さなければならないのです。

ぼくはこの三角形のフレームワークを見たとき、「そうそう、これこそＰＲパーソンが目指す仕事だ」と思いました。そして、「だからこそ、ＰＲのスキルは企業に高く評価され、買われるのだ」とも感じました。新しい「あたりまえ」の普及がＰＲパーソンの売り物なんだと。

ちなみに、２００９年に新設されたＰＲ部門には、広告会社からの応募も多数ありました。その中には、ネットのおもしろ投稿にこんなに「いいね」が集まりましたとか、フラッシュモブなど人々の注目をあつめるスタントがネット動画でバズりました、みたいなことを自慢する応募も多かったんです。

当時、多くの広告会社は「ＰＲはバズのこと」という認識をしていたんですね。

そういう状況に対して、審査委員長のデイブは記者会見のとき、「パブリシティの獲得はＰＲパーソンにとって歯磨きみたいなものだ」と言ったのです。

パブリシティは最初の一歩に過ぎず、ＰＲパーソンはそれだけのために仕事をしているわけじゃないんだ、と彼は言い切ったのです。彼のＰＲパーソンとしての矜持を感じ、自分たちも

ＰＲパーソンとしてしっかり成果を出す仕事をしなければと肝に銘じた経験でした。

彼の示した基準は、その後もカンヌの審査会で議論され、日本でもかなりのＰＲパーソンがこのＰＲのピラミッドを意識をするようになりました。

もちろん仕事によっては、認知を獲得するだけでも難しいものもあります。ですから、すべてのＰＲの仕事が新しい「あたりまえ」の定着まですぐにたどり着けるわけではありません。

また逆に、すぐに消費される、新しいスイーツのヒットや、新しいファッションなどは、大きなバズとともに生まれ、あらたな流行にすぐに塗り替えられてしまいます。

目指すべき新しい「あたりまえ」によって仕事の難易度はことなるのです。

でも、このピラミッドを意識することで、ＰＲする主体である事業会社の広報やそのサポートをするＰＲ会社のＰＲパーソンも、自分たちが新しい「あたりまえ」の普及にどこまでたどり着いたのか意識し確認することができると思います。

日本においても、パーセプションチェンジやビヘビアチェンジがどこまで進んだかがＰＲの評価指標になっていくと、ＰＲ産業はより本質的なサービスを提供できるようになるのではないでしょうか。

もちろん、パーセプションチェンジやビヘビアチェンジが、すべてＰＲ活動の成果によるものではなく、広告やプロモーションなどさまざまなコミュニケーション活動の発露の混じり合った結果であることがほとんどです。

よって定量的なKPIの計算式の開発はそう簡単ではないのですが、合意形成を目指したPR活動のビフォアアフターで、人々の認知と認識と行動がどこまで変化したのか、その差分をPRの成果として評価することが健全なのではないかと思います。

第 3 章

合意形成を加速する PRの5原則

新しい「あたりまえ」を生み出す発想と行動のパターン

この章からＰＲ活動、すなわち合意形成をＰＲパーソンが進めるときに、要となる発想法、行動のパターンの原則をお伝えします。

ＰＲパーソンの活動は実に多種多様で、いろいろな切り口で整理できるとは思いますが、本書の目的である新しい「あたりまえ」を導くという観点から次の５つにまとめてみました。

この原則が新しい「あたりまえ」を生み出すのにどう関係しているのか、もっといえばどう寄与しているのか解説していきたいと思います。

ＰＲの原則１　**自分でやらない。第三者を頼る**

ＰＲの原則２　**複数のステークホルダーを巻き込んでいく**

ＰＲの原則３　**対話をし続ける**

ＰＲの原則４　**社会視点で考える**
ＰＲの原則５　**ファクトベースで語る**

多くのＰＲパーソンにとってはあたりまえのことを書いていますが、実は普段見落としていることと、あるいは、無自覚にやっていた行動の意味を発見できるかもしれません。ビジネスパーソンのみなさんにとっては、ＰＲパーソンがどのような考え方で新しい「あたりまえ」を形作っていくのか、立体的に理解が進められるはずです。

５つの原則はそれぞれがつながっているところもありますが、１つずつ腑分けすることで、よりその発想法や行動パターンの意味が明確になると思います。

では、順番に紐解いていきましょう。

ＰＲの原則１　自分でやらない。第三者を頼る

すでに何度かこの本の中でも出てきましたが、ＰＲの最大の特徴は、何か新しいアイデアや価値観を世の中に知らしめるとき、**「影響力のある第三者を必ず頼る」**ということです。

第三者を介在して、世の中と合意形成を作っていく。簡単に言えば自分でやらないのです。聞きようによっては、他人任せのお気軽な仕事に見えてしまうかもしれませんが、それは違います。

まあでも、みなさん大体において仕事は、できることなら自分ひとりでやったほうが早いし、段取りも目指すところもわかっているから楽ですよね。新しいアイデアを広めたければ、事業者自らオウンドメディアやSNSに書いて発信したり、広告を出したりすればいいかもしれない。

でも、あえてPRではわざわざそれを第三者に「こんな新しい考え方があるんですが、いかがでしょう?」と伝えに行くわけです。新しい考え方を自分で発信するのではなく、他人に理解してもらって、いろいろと手伝ってもらうのです。

これってすごく面倒臭いことだと思いませんか? コスパ、タイパも悪いかもしれません。でも、ここで第三者が納得してくれて、例えばメディアが自ら能動的に新しい考えを世の中に広めてくれたり、学界が新しい考えを後押しする研究を行い、その成果を発表してくれたり、企業が新しい考えを体現する商品やサービスを開発、発売してくれたり、行政が新しい考えを推し進める制度をつくってくれたりしたら、それは新しい考えを世の中に広めるものすごいレバレッジになるわけです。

新しい「あたりまえ」は1人では作れません。社会のさまざまなプレイヤーが自分ごととし

PRの原則1　自分でやらない。第三者を頼る

誰かを頼れば、遠くまで届く

て、新しい考えをひろめ、実行してくれることが大事なのです。

影響力のある第三者が動けばフォロワーもついてきます。どれだけ影響力がある第三者を巻き込めるかが、ＰＲの仕事の醍醐味であり、第三者が能動的に巻き込まれることがこの仕事の強みなのです。だから、面倒でもやるんですね。

しかも、「新しいアイデアがあるんですが、いかがでしょう？」と話しにいった全員が賛成してくれるとは限りません。中には、「私はそうは思わない」という人が現れるかもしれない。「ライドシェア」を進めるのはどうでしょう？　と伝えに行ったら、「そんな職業訓練を受けてないドライバーの車の安全性はどうなの？　自分は乗りたくないよ」と言われてしまうみたいなことです。

ＰＲパーソンはそこでも対話を続けます。

第２章で書いたように、「ここは同じですよね」「ここは握手できるところですよね」というポイントを探りながら、なるべく多くの人が納得してもらえるような、新しいアイデアの定着の方法を考え直すのです。

結果的に対話を通じて、より多くの人に納得してもらう形で新しいアイデアを広めていくことが、そのアイデアをより強固なものにし、そしてみんなが乗り込みたいと思える船にしていきます。

第三者との対話こそが、PRが大きな成果をもたらす秘訣なのです。

専門家の発信は信頼性と公益性をまとう

みなさん「キシリトール」という成分は、もちろん聞いたことがあると思います。ロッテは1997年に「キシリトールガム」を発売しました。このガムの登場はむし歯に対する考え方を変えました。

それまで世の中の多くの人は、むし歯はなってしまったら歯医者さんに行って治療するものだと思っていました。

でも、むし歯予防の先進国フィンランドなどでは、むし歯は治療するより予防したほうがいいという考え方があり、キシリトールがむし歯予防に利用されていたのです。

日本でもむし歯に対する考え方を変えていこう、「むし歯は予防しよう」という新しい「あたりまえ」を体現する商品として、キシリトールガムが発売されました。このとき、むし歯予防の重要性をアピールしたのが歯医者さんたちでした。シンポジウムや取材を通じ、これからむし歯は予防の時代へと呼びかけたのです。

発売以降もロッテは全国の歯科医師・歯科衛生士と組んでむし歯予防の啓発活動を行ったり、

歯科大学と歯周病に対するガムの効能を共同研究していたりします。

歯医者さんの「これからの時代は、むし歯になってから痛い治療をするのではなく、普段からメンテナンス、予防活動をしていくべき」といった情報発信は専門家の発言として説得力を伴います。

メーカーが単独で効果効能を謳うとどこか手前味噌なところがありますよね。専門性を持つその道のプロが、納得して発信する情報や行動には価値が付加されるのです。

広告の場合、テレビやウェブの広告枠を購入すれば、そのスペースで自由に情報を発信することができ、発信する情報を自らコントロールできます。

一方、PRでは、プレスリリースを配信したり、記者会見をしても、そのままそれがメディアの記事や番組になるわけではありません。

そもそも、番組制作者や記者などのジャーナリスト、編集者は、特定の企業の情報を紹介する義務も筋合いもありません。メディアとして伝えるべき社会的な価値のない情報や、その媒体のもつ世界観、視聴者・読者の嗜好にそぐわない情報は採用されません。

メディアは、多くの視聴者・読者に信頼され、公益にかなう世の中が必要とする情報を伝えることがミッションです。それと同時に、それぞれの番組や媒体が独自の「世界観」を持ち、その視聴者・読者が喜んでくれる情報の発信を目指しています。

ＰＲパーソンはなぜ自分が提供した情報をメディアが伝えるべき価値のあるものなのか、社会視点で考えて、ジャーナリストや編集者に対して個別にプレゼンしなければなりません。

自分が露出させたい商品を、どういう切り口で紹介したら社会が求める情報となり視聴者・読者にとって有用か、そしてメディアの制作者が喜んでそれを伝えたくなるのか、メディア側の判断基準とすり合わせられる「同じところ」を、自分の紹介したいモノの中から導き出さなければならないのです。


当然、世界観やコンテキストはメディアごとに異なります。

例えば同じ主婦が読む媒体だとしても、「オレンジページ」では家事をより効率的にする情報、コストコでのまとめ買いテクニックが。「ＬＥＥ」では家事をより楽しくする情報、キッチンウエアの新カラーリング情報が、好まれるという違いを理解しなければいけません。

媒体はそれぞれ「世界観」を持っているから読者に支持されているのです。ＰＲパーソンはそのコンテキストを読み解き、その世界のなかに自分の紹介したい商品・サービスを位置づけなくてはなりません。

このような、ＰＲ側とメディア側のある種の合意形成があって、はじめて情報がメディアに取り上げられるわけです。

流行や文化を追いかけてきたメディアが新しいスタイルの1つの事象として新商品・サービスを取り上げることは、ある種のお墨つきととらえることができ、独りよがりの情報発信よりも信頼性、公益性を帯びるのです。

メディアのミッションは、世の中の新しい動き、言いかえれば新しい「あたりまえ」になるであろう現象を伝えることです。つまり単独の企業の商品を紹介することはなく、今、「隙間時間を活用したサービスが注目されている」など社会の新しい潮流を紹介することです。

その新しい流れのなかで、隙間時間のバイトが探せる「タイミー」や、エクササイズだけでなくネイルサービスまで受けられる「chocoZAP」などが、事例として紹介されるのです。

まさに、新しい「あたりまえ」の星座を構成する星をメディアが結んでいくのです。メディアという第三者と握手できるポイントをさがすパブリシティ活動は、自分の紹介したい商品・サービスが新しい「あたりまえ」の代表事例になる可能性を秘めているのです。

報酬に対する行動ではなく、価値そのものへの共感

第三者を巻き込むところでもう1つ重要なことを書いておきます。

ＰＲパーソンは影響力のある第三者にさまざまな協力を依頼しますが、そのことに対して金銭的な支払いをしません。

第三者は純粋に、提供される新しい考え方が社会の役に立つとか、おもしろいとか、そういう判断基準でＰＲパーソンに協力するかしないかを決めるのです。

ぼくはこのこともＰＲの強みであり、魅力だと思います。お金で解決しちゃえば簡単じゃんという短絡的な考え方をする人もいるかもしれませんが、お金をもらったから動くのと自分が納得したから動くのは雲泥の差があるのではないでしょうか。

あたらしい「あたりまえ」は独りよがりでできるものではなく、社会のさまざまなプレイヤーが同じ価値観で行動することで普及します。それがお仕着せや義務としての行動であっては広がるわけがありません。

報酬に対する行動でなく、新しいアイデアの魅力によって人を巻き込むＰＲは、自発的、能動的な行動を生み出すのです。

そういう意味で、ソーシャルメディアでインフルエンサーに対価を支払って情報発信している場合表示される「＃ＰＲ」の表記は、ＰＲという活動に対して誤解を生むものだと思っています。

これらの活動はプロモーション、アドバタイジングの領域に当てはまるものではないでしょうか。ＰＲ業界がこの表記を許容してきてしまったことは問題だと思っています。

またＰＲ活動について「ＰＲは安くできる」と、媒体の広告掲載費を支払わないことだけを取り上げて、間違った認識を発信する人がいるのですが、それもやめてほしいと思うのです。

ＰＲパーソンは合意形成の戦略を立て、交渉を重ねることに対し報酬（フィー）をいただくわけで、合意形成の難しい仕事に対してはそれに見合う報酬が求められてしかるべきです。

すみません、ちょっと脇道にそれましたが、ＰＲ活動の原動力を理解していただくために、その課題についても書かせていただきました。

ＰＲの原則２　複数のステークホルダーを巻き込んでいく

ＰＲパーソンの２つ目の原則は**「複数のステークホルダーを巻き込んでいく」**ということです。１つ目の特性として「第三者を頼る」と書きました。その第三者はひとりではなく、異なる立場や価値観をもった複数のステークホルダーが対象なのです。

ちなみに、ステークホルダーは直接、間接を問わず広い意味での利害関係者という意味で、社会からの視点で見れば、次の図のように多くのステークホルダーが存在します。

立場の違う人たちが、あたらしい考え方をともにしたり、共通の目標をもった行動を起こすことで新しい「あたりまえ」は浸透していきます。

「あちらでも、こちらでも、同じようなことをやってますよね」という状況がつくられるために、複数のステークホルダーと対峙することは重要なことなのです。

消費者、株主、従業員、学界、業界団体、NPO、地域住民、自治体、所轄官庁、そしてもちろんメディアなどステークホルダーを数えだすときりがありません。

PRパーソンはこれらのプレイヤーに対して、新しい考え方を伝えていくわけですが、複数のプレイヤーが、新しい価値観に基づいた

複数のステークホルダーと関係する仕事

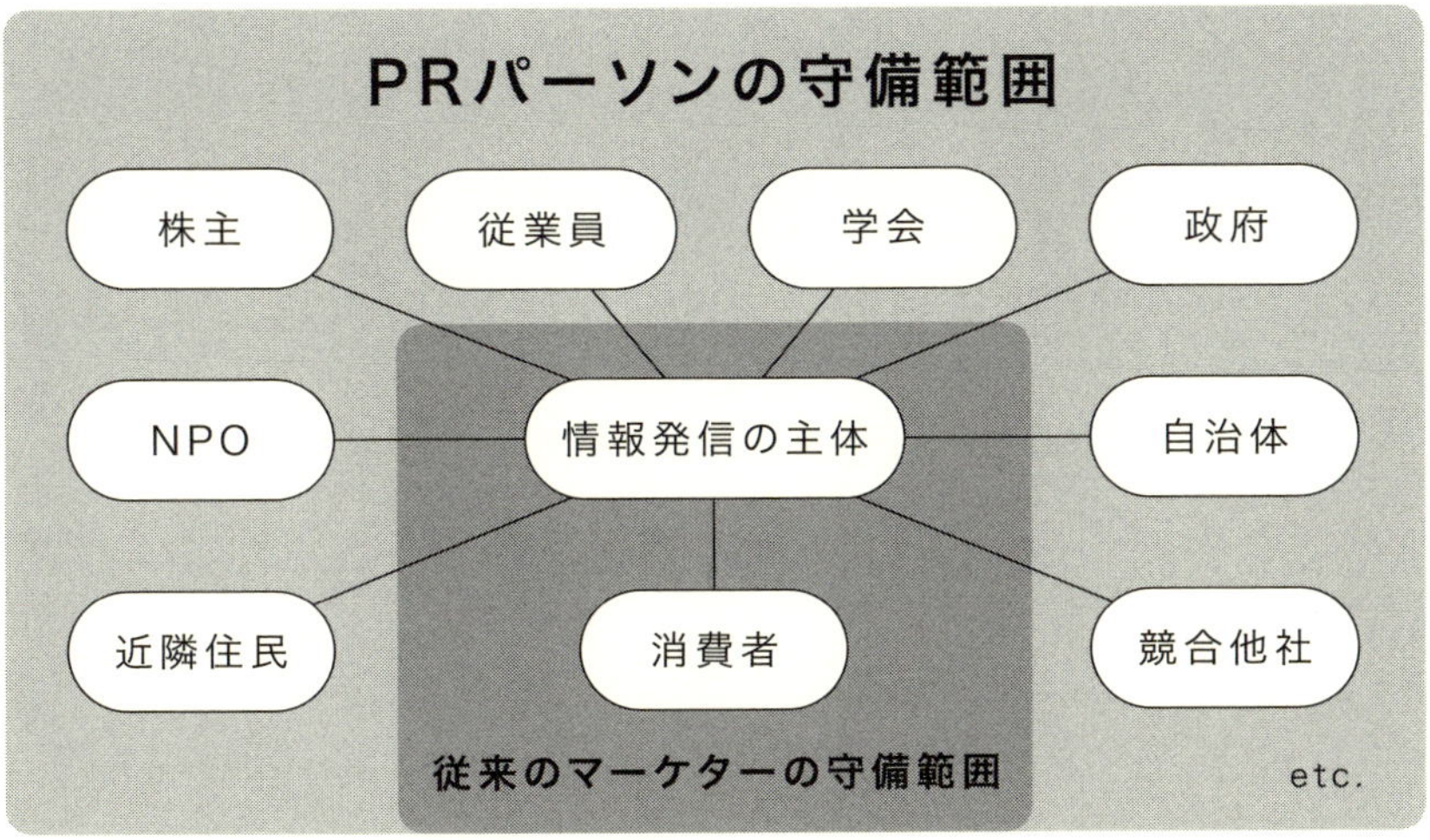

行動を同時に起こすことで、その価値観が普及している「証左」となり、「現象」だとメディアや人々に受け止められるのです。

反発しあっていたプレイヤー同士が同じ行動を取ると、その行動のベースになった価値観はより強く普遍的なものだと認識され、「あたりまえ」の定着はさらに進むのです。

「男性の育児参加」という新しい「あたりまえ」の浸透プロセス

複数のステークホルダーといい関係をつくり維持していくことがPRです。ですから、PRはPublic Relationsと複数形であり、このsが重要なのです。

もう少し具体的に説明していきましょう。例えば、男の人も育児参加するということが次第に新しい「あたりまえ」になりつつありますよね。

この「男性の育児参加」はどうやって普及していったか、これからしていくか、考えてみると、政府広報が「男性も育児参加できる社会に」と発信したり、お金をかけてテレビCMで啓蒙的なメッセージを発信するだけで、男性の参加は進んだでしょうか？

そうなんです。それはなかなか難しそうですよね。社会現象として、浸透していくには、次のような複数のステークホルダーの行動が大事になってきます。

・新聞などのメディアが、男性の育児参加の統計を調査して記事にする
・企業が、男性従業員の育児を支援するための人事制度、福利厚生制度を提供する
・情報番組で、男性タレントが「最近子育てを楽しんでいます」とコメントする
・ベビーカーのメーカーが、パパ向けのデザインのバギーを開発・発売する
・ドラマや漫画に、子育てしている男性が普通に描かれるようになる
・ショッピングモールなどの施設で、男性トイレにおむつ替えのスペースが設置される
・自治体が、男性の育休取得を応援する施策を打ち出す
・夫婦で子育てしているユーチューバーが、人気になる
などなど

こうした複数のプレイヤーが同じ価値観にもとづき、考え方を変えたり、行動をすることが目撃されることで、男性の育児参加が社会に浸透してきたと思いませんか？

このような状況は複数の異なる価値観をもつステークホルダーが子育ての新しい価値観について合意形成を進めている状況であり、それはまさに、社会を舞台に新しい「あたりまえ」の星座が生まれることなのです。

優秀なPRの仕事は、あるテーマに対してネガティブに感じているステークホルダーも含めて、よりこっちの「あたりまえ」のほうがよくないですか？　という働きかけを続けます。

「子育ては女性の仕事でしょ」というような頑固な昭和的価値観の人が、「これからは男性が育児参加する時代」という考えになったらまわりはびっくりするはずで、インパクトが大きいのです。

ネガティブなステークホルダーを巻き込むことで、新しい価値観がより多くの人に支持されるようになります。PRパーソンの仕事は「あたりまえ」の地図を少しずつ描き換えていくのです。

PR活動はメディアに対するパブリシティ活動のことだと思っていた方には、PRパーソンが複数のステークホルダーを相手にしていること自体が新たな気づきだったかもしれませんが、その意味を理解していただけたかと思います。

ステークホルダー同士は影響を与え合います。育児参加した男性タレントの「こんな商品があったらいいな」というコメントをヒントに、メーカーがパパ向け育児グッズの開発に着手するかもしれません。他社の男性社員育児参加の福利厚生サービスを見て、同様の制度を導入する企業があるかもしれません。

そうやって出来上がっていく星座を現象として、メディアが伝えることで、新しい「あたりまえ」の価値は増幅され、さらに多くの人たちに伝えられていくのです。

２０２０年のダボス会議では、「ステークホルダー資本主義」がテーマとなりました。企業が

ＰＲの原則２　複数のステークホルダーを巻き込んでいく

異なる音が重なり、新しいハーモニーが生まれる

市場を形成するためにも、社会を構成するさまざまなステークホルダーとの対話が重要だと認識されるようになりました。ぼくはこの動きを経営のＰＲ化ととらえています。

ネガティブな立場にある、さまざまなステークホルダーも含めた合意形成が、新しい「あたりまえ」の定着そのものなのです。

ＰＲの原則３　対話をし続ける

３つ目のＰＲの原則は「対話をし続ける」ということです。

合意形成というフレーズだけを聞くと、「合意が結べたらそれで終わり」といった契約行為のようなイメージをもつかもしれませんが、新しいあたりまえは、「ここで完成した！」という類のものではないのです。

ＰＲ活動の成果は、実際に法律や条例の制定や改定という成果に結びつくことがあるのですが、新しい「あたりまえ」の普及は、強制的な契約書など伴わない良心や共感による合意が大半です。

なぜ継続的な対話が必要か。

1つには、社会の環境は絶えず変化していきます。新しい「あたりまえ」はそんな天候や海流が変わる海の上で生じた状況のいちシーンでしかありません。その船をもっとも安定した位置に動かし続けるメンテナンスが必要とされるのです。

もう1つ、価値観に向き合う人や団体のスタンスにはグラデーションがあります。先に例に挙げた「男性の育児参加」という価値観にしても、全面的に賛成して積極的に参加する人もいるでしょうし、考え方はわかるけど、自分の仕事は忙しいから行動にうつすのは難しいと感じる人もいる。

自らがプロモーターになって積極的に価値観を宣伝する人から、まあ、自分はやらないけれど、それはあってもいいいやと思う人までいるということですね。

PRはそんな価値観のグラデーションの中で、より積極的に支持してくれるひとを増やしていく、反対派の人を容認派に変えていくというメンテナンスをするのです。

ネガティブなプレイヤーへの対応はここでも大事です。彼らとは対話を続け、相手の主張や価値観と、こちらの目指したい世界、浸透させたい価値観の間で共通する思い、つまり「握手できるところ」を探っていって、アウフヘーベンできるアイデアを模索するのです。

仕事がいそがしいから子育てに参加できないかもという人たちがいる状況に対して、リモートワークをしながら子育てするノウハウを紹介するコーナーを情報番組に提案したりと、あの手この手で、これだったらどうでしょう？　というアイデアを提供していくのです。

新しい「あたりまえ」を、より多くの人が乗り込める船になるように働きかけを続けるのがＰＲ活動です。

団地再生プロジェクトにみる継続的な対話

対話を継続している好例をご紹介します。

団地にあたらしい「あたりまえ」を吹き込む、大阪府住宅供給公社とオズマピーアールが手掛けたＰＲの仕事。それが団地の住民を「団地再生に取り組むパートナー」として巻き込んだ茶山台団地再生プロジェクトの事例です。

１９７１年、高度成長期に建てられた大阪府堺市の茶山台団地は、約１０００戸が満室の時期もありました。しかし、近年では若者の団地離れなどで１５０戸あまりが空き家となり、さらに住民の半数近くが65歳以上になり、人口減少の影響で近隣のスーパーが撤退するなど、負の連鎖に陥っていたそうです。

その衰退に歯止めをかけるべく、大阪府住宅供給公社では、ハード面で住民から「子どもができると手狭になって暮らしにくい」等の声を受けて２つの部屋をつなげたリノベーションプ

PRの原則3　対話をし続ける

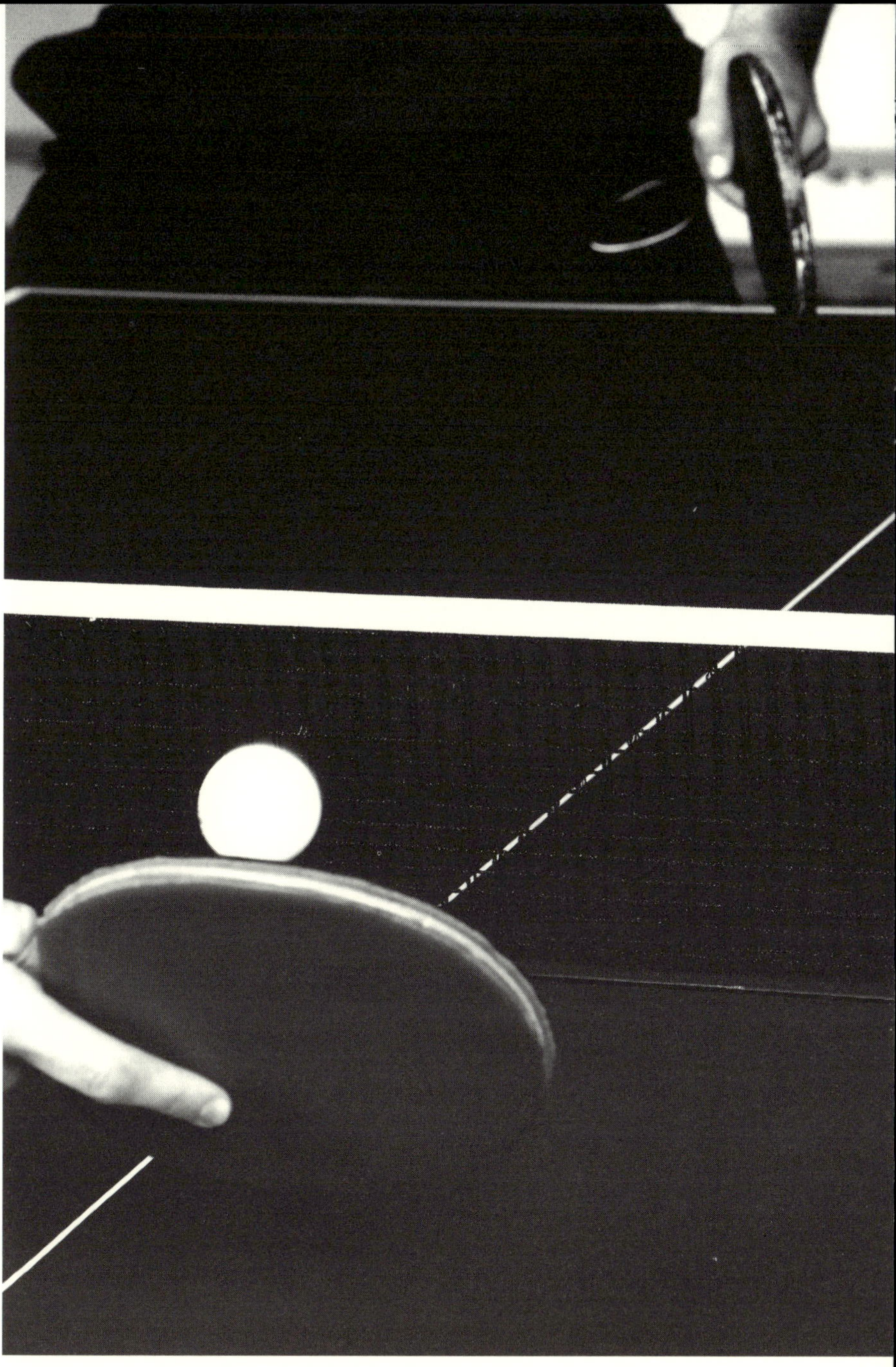

絶え間ないラリーによって、アイデアは磨かれる

ラン「ニコイチ」で課題解決に取り組みました。

またソフト面では、住民を「サービスのユーザー」ではなく、団地の文化を作るステークホルダー、つまり「団地再生にともに取り組むパートナー」としてとらえ課題解決に取り組みました。

その結果、茶山台団地には、次のような住民が主役の取り組みとともに、あたらしい団地の暮らし方、まさに新しい「団地のあたりまえ」が生まれています。

・団地の一室をイートイン可の惣菜店にした「やまわけキッチン」
・集会所を持ち寄り図書館にした「茶山台としょかん」
・みんなで使う地域のＤＩＹ工房「ＤＩＹのいえ」
・住民の結婚をお祝いするために開かれた「団地deウェディング」
…etc

こういった今までの常識ではありえなかった施策が、補助金や助成金等の多様な資金調達を活用するなど、過去の団地の運営としては考えられなかった手法で実現されました。

まさに画一的な集合住宅を提供する団地から、住民のニーズに応える機能を持つ、柔軟な対応が可能な団地への変化が生まれたのです。

結果として、若年層入居者も増加し、入居率も上昇。住民の75％がプロジェクトの継続を希望。このプロジェクトは日本PR協会が主催する「PRアワード」の2019年のグランプリを受賞しました。また、国、自治体、大学、NPOなどさまざまなステークホルダーが見学・視察に訪れているそうです。


すばらしい取り組みだと思います。ポイントは当事者である地域住民との対話を続けることで、一時的な取り組みに終わらず活動が継続していることです。施策を実施してそれを評価し改善するPDCAが回っているんですね。

人の心は複雑です。第1章で、テクノロジ

上段：茶山台団地、下段：団地deウェディングの様子

ーの「普及の罠」として、たとえどんなに便利でも、みんなが変化を喜んで受け入れるわけではなく、変化を受け入れるまでには時間がかかることが多いということをお伝えしました。

同時に、人間の心は移ろいやすく、社会の動きや、市場の潮流などに影響をうけ、一度、合意形成をしたからといって、認識や行動の変化が自動的に続くわけではないのです。

本来的なＰＲ活動は、単発でおわるキャンペーンにとどまるものではなく、生態系の環境保全のような活動なんです。

企業と生活者が常時接続する時代に、メンテナンス活動の重要性はより注目を集めるようになってきました。ステークホルダーと対話を続けるＰＲ活動は、新しい「あたりまえ」を環境変化に対応させ、より浸透・定着させていく働きをしています。

「あたりまえ」とは状況であり、状況が維持されることで「あたりまえ」でありつづけるのです。

ＰＲの原則４　社会視点で考える

次のＰＲの原則は、ＰＲパーソンは市場の視点でものごとをとらえるのではなく、社会の視点でものごとをとらえるということです。つまり**「市場の中の私の役割」を語るのではなく、「社会の中の私の役割」を語る**ということです。

「社会視点」でものごとを語ることで、商品やブランドが、単なる商品としての優劣ではなく、社会の価値観や、社会現象を牽引する存在として世の中にとらまえられ、その価値が高められるわけです。

ＰＲはソーシャルな仕事などとよく言われるのですが、ＰＲパーソンが「社会視点」でものごとをとらえるというのはどういうことか？　ここがなかなか伝わりづらいところなので、もうちょっと具体的に説明します。

この会計ソフトは操作が簡単だとか、コストが安いとか、そういう説明はSaaSのサービスという市場の中でのポジションの説明です。もちろん、会計ソフトを購入しようとする人にとってそれは有益な情報で、そういう説明があるおかげで商品が売れるわけです。

一方、この会計ソフトを使うことで、従業員は短い時間で作業を終えることができ、働き方改革を推進することができますという説明は、この会計ソフトがもたらす社会的なメリットを説明しています。

「働き方改革」を進めようという話は、企業にとっても、労働組合にとっても、従業員の家族にとっても、自治体にとっても、政府にとってもいい話ではないでしょうか。

社会視点でものごとをとらえることで、その商品・サービスの導入を応援する味方が増えるのです。

もちろん、メディアも味方になります。会計ソフトの競合同士のスペックの違いをメディアが報道する理由はそんなにありません。しかし、社会が求める「働き方改革」に関しては、その成功事例やノウハウをメディアは是非取り上げて紹介したいのです。

「市場における私」ではなく、「社会における私」を語ることで、競合商品の中の1つでしかない存在から、今みんなが求める働き方改革を実現、牽引していく商品として評価されるようになるのです。

社会視点で語るということは、商品と新しい「あたりまえ」が社会にもたらす価値を結びつけて語ることでもあるのです。

その木は森の中でどんな役割を果たしているか

経営者や事業開発者は、もともと商品やサービスの社会的な価値を考えて開発を進めたはずですが、セールスの現場では競合との差分の説明がもっとも効果的なメッセージになるため、市場視点の説明に注力してしまう企業が多いのではないかと感じます。

市場戦略しか見えなくなると、競合とのスペックの違いにしか目がいかなくなってしまいます。商品やブランドが、社会においてどんな価値を発揮しているのかという視点が欠落してしまうのです。

ちなみに「社会」というのは、国際社会とか、日本社会といった大きな規模だけのことを指すのではありません。人が集まって関係性ができれば、3人から社会、核家族の家庭だって1つの大切な社会です。

「冷凍餃子」に社会性はあるか?

社会視点で自社のサービス・商品をとらえることで、社会のさまざまなプレイヤーが味方になってくれて、ブランド価値も向上したいい事例を紹介します。

「冷凍餃子を使ったら、旦那に手抜きだと言われた」

2020年にツイッター（現X）でこんな趣旨のツイートが話題になりました。夜ご飯をつくるのがしんどかった女性が、夕食に冷凍餃子をだしたら、お子さんは喜んだのに、旦那さんに「手抜きだよ、これは冷凍だよ」と皮肉を言われたそうなんですね。

そんなときに、味の素冷凍食品の公式アカウントがこんな返信をしたんです。

冷凍餃子をつかうことは、手抜きではなく手〝間〟抜きですよ！

工場という〝大きな台所〟で、野菜を切って、お肉をこねて、皮に餡を包んで……という大変な「手間」をお母さんに代わって丁寧に準備させて頂いています。（中略）

これからももっと前向きな気持ちで使っていただけるようお伝えしていきますので、引き続き、応援していただけるとうれしいです！

このメッセージは、餃子がおいしいとか、簡単にできますとか、冷凍食品のスペックを語るメッセージとはまったく視点のちがう話をしていますよね。

これからは女性も働かなきゃいけないとか、同時に子育てもしないとなどと、時代は女性にさまざまな要求をしています。本当に大変です。

そんな中、「冷凍食品が、料理の下ごしらえの一部を代わることで、忙しい現代人に時間の余裕が生まれる。その時間をご自身や家族のために、有意義に使ってもらいたい」というメッセージは、コロナ禍で気持ちが沈みがちな生活者に好意的に受け止められ、莫大な数のいいね！やリツイートを獲得してバズりました。

共働きの家庭やそのつらさがわかる人が多かったんですね。冷凍餃子が、一見距離が遠そうに見える男女共同参画支援や子育て支援という文脈でとらえられたのです。

これこそまさに「社会視点」でのものごとのとらえ方です。

翌日からこの現象はさまざまなニュース番組、情報番組、ワイドショーで取り上げられ、冷凍食品の活用は手抜きではなく、今の時代の「あたりまえ」として、積極的に活用していくべきものなのだという議論がされました。

この論調は、無理して手料理を作ってきた人たちに、「私も冷凍使ってもいいんだ」という勇気を与えたんじゃないかと思いますし、実際そんなフォロワーも増えたはずです。

「子育て支援」「男女共同参画支援」というみんなが応援できる見立ては、メディア以外の応援団も巻き込みました。スーパーなど流通が「手間抜き」コーナーを売り場につくったのです。そして、その状況が再びメディアによって取材され発信されました。

もちろんこれは、メーカーが仕掛けたものではなく、流通の売り場の自発的な取り組みです。

売り場には他社の商品も並びました。みんなが目指したい「あたりまえ」のために冷凍餃子を中心に、異なるプレイヤーも次々と巻き込まれていったんですね。

「社会の中の私」を語るブランドが愛される時代に

市場視点で語るクセがついていると、社会視点で語るというのはなかなか慣れないものです。特にBtoB企業のみなさんは相手にする市場が限られていて、その顧客の関心事に耳を傾けていれば売上を維持できる環境があるため、社会視点で語ることが苦手だったりします。でも、時代は「社会のなかの私」を語る時代に変化していっていることを実感します。身内や業界のことだけを考えれば、他は関係ないとは言い難い時代です。多くの企業がパーパス[1]を明文化したり、パーパス経営に舵をきっているのはそういう背景があるからではないでしょうか。

第2章でマーケティング、広告とPRの違いをわかりやすく説明するために、「違いを見つけるとほめられる」のがマーケティング・広告の仕事、「同じを見つけるとほめられる」のがPR

1　パーパス（Purpose）：企業や組織の社会的な存在意義を示す概念。利益追求を超え、社会への価値提供を明確にし、従業員の動機づけや意思決定の指針となり、ステークホルダーとの関係構築に寄与する。長期的な経営の羅針盤として機能し、企業活動全体を導く原理にもなる。

の仕事と書きました。

実際、長い間、競合との差別化ポイントを見つけてそこを強化したり、その違いをアピールすることがマーケティングや広告に携わる人たちの仕事の中心でした。

しかし、この10年ほどの間に感じる変化は、マーケティングとＰＲが混ざり合いつつあるということです。

２０２４年、公益社団法人日本マーケティング協会は34年ぶりにマーケティングの定義を刷新しました。

新しいマーケティングの定義は次のようなものです。

マーケティングとは顧客や社会と共に価値を創造し、その価値を広く浸透させることによって、ステークホルダーとの関係性を醸成し、より豊かで持続可能な社会を実現するための構想でありプロセスである。

※主体は企業のみならず、個人や非営利組織等がなり得る。
※関係性の醸成には、新たな価値創造のプロセスも含まれている。
※構想にはイニシアティブがイメージされており、戦略・仕組み・活動を含んでいる。

どうでしょう？　かなりマーケティングとＰＲが重なりあっているように感じませんか。

マーケティングの神様と言われる経営学者フィリップ・コトラーは「マーケティング３・０」という概念で、ブランドが社会価値をつくることの重要性を唱えています。

マーケティングが、「不便に対する便益の提供」から、市場が成熟するにつれて、競合他社との差別化・優位性を主張する時代にシフトし、そして今、**「社会における役割・価値」**を語る時代に変化しているのではないでしょうか。

「社会の中の私」を語るＰＲ的発想がマーケティングに組み込まれているのです。

例えば、ヘアケア製品を製造するメーカーにおいて、今までは「洗浄力の高いシャンプー」「キューティクルを保護するシャンプー」などプロダクトとしての機能がアピールされていました。マーケティング３・０の時代においては、「このヘアケアブランドは、女性の髪型を自由にする、ひいては女性の自由な生き方を応援するブランドとして世に貢献します」といった社会における役割を発信することが重要になってきたというわけです。

なぜ、そのような変化が訪れたのでしょうか？

あらゆる工業製品がコモディティ化していくことでそうなったという指摘もありますが、ぼくはサステナブルな生活を求める人たちの欲求が、企業の社会に対する責任をより重いものにさせているのではないかと考えます。

これからは、市場の中で差別化を語るブランドよりも、社会の中で役割を語るブランドのほうが愛されるのではないでしょうか。

多くの企業が「パーパス」を策定、パーパス経営をはじめたこともその発露だと考えます。「CSV（共通価値創造）」[2]という経営戦略も提唱され、社会における役割を明確にすることで、本業の利益や持続性にも寄与するという考え方が定着しつつあります。

PRの原則5　ファクトベースで語る

PRの最後の原則は**「ファクトベースで語る」**ということです。

PRはさまざまなステークホルダーと対話するわけですが、新しい考え方や、新しい商品・サービスを説明するためにストーリーが必要です。

そのストーリーは、ファンタジーではなく、必ずファクトに基づいているのです。

アメリカの血液検査ベンチャー企業セラノスのCEOエリザベス・ホームズは「数滴の血液検査でさまざまな疾患の検査をすることができる」という虚偽の技術で、投資家を欺き巨額の資金を集めた詐欺罪で、連邦地裁で有罪判決を受けました。

当時、エリザベスは次世代のスティーブ・ジョブズともてはやされ、一時同社の株価は高騰しましたが、セラノスが描いてみせた新しい「あたりまえ」は、フェイク情報によって紡がれたストーリーだったわけです。

この事例はあまりに極端ですが、PRパーソンがこんなストーリーを一度でもメディアに紹介しに行ったとしたら、彼や彼女は二度とメディアに出入りは許されないでしょう。

PRパーソンの仕事は信用で成り立っています。ファクトでない情報を持ち込むことは自らの仕事の資格を奪うことになるのです。

カンヌのPR部門で審査をしていて、世界中のPRパーソンは、ここまでファクトベースでストーリーをつくることにこだわるんだなと実感したことがあります。

あるヨーロッパの審査員が「フラッシュモブ」を活用した仕事はPRとして評価すべきでないと主張したのです。フラッシュモブは、公共の場で突然ダンスや演奏をはじめるパフォーマ

2　CSV（Creating Shared Value）：共通価値の創造のこと。企業が社会課題の解決と経済的利益の追求を同時に実現する戦略的アプローチである。マイケル・ポーターとマーク・クラマーが提唱したこの概念は、持続可能な企業成長と社会貢献を両立させる。従来のCSRと異なり、本業を通じて社会的価値と経済的価値を生み出すことを重視する。

ンスです。街の広場で男性が女性にプロポーズすると、突然、周囲の人たちがダンスをしたり、一斉に祝福するようなサプライズは、一般の人も真似するようになりましたね。

あるビールメーカーが実施したフラッシュモブは、サッカー好きの男性を、女性がわざとクラシックコンサートに誘うんです。しかも、サッカーの重要な試合がある日に。男性は本音では、クラシックコンサートなんかに行きたくないのに、女性に誘われたのでしぶしぶ出かけるわけです。

しかしコンサートホールに出かけると、指揮者が登場して、「みなさん、今日はクラシックなんて聞いてる場合じゃないですよね」と言って、突然、コンサート会場でサッカーの試合のパブリックビューイングが始まるのです。

この事例はだまされた人もハッピーになるサプライズなわけですが、さきの審査員は、「フラッシュモブはつくられた情報発信であり、ある種のヤラセだから認めない」と主張したのです。それほど、ＰＲの仕事においてはファクトが大事で、ファンタジーが入り込んではいけないというこだわりをもっている人もいるのです。

ＰＲが世の中を動かす力を持っているからこそ、ＰＲ活動はファクトベースであるべきだという倫理観が求められるということなのです。

ファクトは立場が異なる他者との共通通貨

広告表現にはフィクションが使われます。それによってストーリーがおもしろく、エモーショナルに伝わるわけです。

しかし、ＰＲにおいては、立場や価値観が異なるさまざまな思惑を持った人たちと合意形成をする必要があります。興味を示していない人や、ネガティブな意見を持っている人たちには、感覚的なストーリーは通用しません。

事実に基づいたロジックが、相互理解やコミュニケーションにおいて会話のスタートラインになるのです。

多くのＰＲパーソンは、仕事をやり始めたころから先輩から「これはファクトなのか？」ということを口酸っぱく言われてきたはずです。プレスリリースを書いたり、記者会見の想定質問を書いたりするときに、このことはとりわけ強く意識します。

なぜ、事実をそんなにも大事にするのか？　それは、**ファクトは誰も否定のできないことなので、意見が異なる双方が話を始める共通通貨になるからです。**

フィクションなどの表現は主観的に好き嫌いの判断があるわけですが、ファクトは誰もが同じように理解できるものだからこそ、違う価値観を持っている人たちが、同じ目線に立てるきっかけを作ってくれるのです。

全員が信じることができる共通言語の役割を果たすとも言えるでしょう。

第1章において、コンカーがデジタルによる経費精算の普及をすすめたというパブリック・アフェアーズの事例の話をしました。

PRパーソンは議員、行政、企業などさまざまなプレイヤーとデジタルでの経費精算という新しい「あたりまえ」の普及のために交渉するわけです。彼らが調べた「日本のビジネスパーソンは生涯で52日間も領収書の糊付けなど経費精算の作業をしている」という事実や、「それが人件費に換算して年間6千億円の経済的損失を生み出している」事実は、立場が違えどそれを突きつけられたら大問題が起きていると認識せざるをえないインパクトがあります。

どうやってそれを解決すべきか、それぞれの立場で考え始めるきっかけになります。

ファクトには誰も否定できない強さがあるのです。

PRの原則5　ファクトベースで語る

事実は「共通の通貨」になる

フィンランドで「夏季五輪」というファクトの衝撃

ファクトをもとに凄みのあるストーリーをつくった事例を紹介したいと思います。

フィンランド北部の小さな村サッラがオリンピック招致に名乗りを上げました。フィンランドといえば冬季五輪だろうと思ってしまうのですが、彼らが立候補したのはなんと２０３２年の〝夏季〟五輪でした。どういうことなんでしょうか？

サッラは北極圏に位置し、気温がマイナス50℃に達することもある地球でもっとも寒い村であり、クロスカントリーなどウインタースポーツも盛んな土地柄です。その村が夏季五輪の招致に手をあげました。

実は、この立候補は地球温暖化への世界の関心を高めるためのＰＲキャンペーンだったのです。

「Save Salla. Save the Planet」というスローガンとともに、つくられたプロモーションビデオには雪解け水で水泳競技をする選手や、雪上でのビーチバレーなどの映像が紹介され、マスコットには暑さでのぼせるトナカイを起用しました。

彼らはオリンピック招致を目指す他の自治体と同じように招致活動を行いました。村長が登場するプロモーションビデオ、ロゴ、印刷物、ピクトグラム、マスコットなど、大真面目に「サッラにオリンピックを」というアピールを行ったのです。

このすこし皮肉なユーモアの利いたキャンペーンのニュースは、ロイター通信など国際メディアによって瞬く間に全世界を駆け巡り、2021年の「カンヌライオンズ国際クリエイティビティ・フェスティバル」のPR部門でゴールド・ライオンを受賞しました。

このキャンペーンはユーモアをもって地球温暖化問題を真剣に考えるきっかけを世界に与えたわけですが、ポイントはこのストーリーがファクトベースだったということです。

国連の調査によれば、20世紀の100年間で地球の平均気温は約0・7度上昇し、北極

Save Salla プロジェクト：2032年の夏期オリンピックに立候補することで、深刻な気候変動を訴えたフィンランドの北部の街サラのキャンペーン

では2度以上も上昇。北極圏における調査では、1971年から2019年の約50年間で、平均気温は3・1度上昇しました。

つまり北極圏は地球温暖化の影響をもっとも強く受ける地域ということです。このまま温暖化がすすめば、10年後には極寒の北極圏の雪が溶け、夏季オリンピックが開かれるようになってしまう。その驚愕の事実を世界に提示したのがこのPRキャンペーンでした。

ファクトベースでつくられたストーリーは圧倒的なリアリティを持つ。立場が異なる人であっても、無視できないものになるのです。

ファクトの提示は今の常識が機能していない、新しい「あたりまえ」が必要とされているというアラートを発信してくれるのです。

第4章

新しい「あたりまえ」をつくる7つの方法

この章では、第3章の原則を踏まえて、新しい「あたりまえ」をより円滑に世の中に浸透させるための「補助線」となる7つのキーワードを紹介します。

「あたりまえ」がうまれ、世の中に浸透、普及、定着するメカニズムを把握することで、ステークホルダーとの合意形成がより進めやすくなることでしょう。

「インサイト」「社会記号」「社会視点」「ナラティブ」「ファクトの発見」「オーセンティシティ」「リスク予想」という7つのキーワードとともに新しい「あたりまえ」が合意形成される仕組みについて、具体的な事例とともに理解を深めていきましょう。

補助線1 【インサイト】隠れた欲望を見つける

ビジネスパーソンのみなさんなら、「インサイト」という言葉を聞いたことがあるはずです。端的に言えば、人間の潜在的欲望、つまり**「隠れた欲望」**と考えたほうがいいでしょう。

欲望の大半は言語化できない

人間は自身の「欲望」を言語化できない不器用な生き物である

インサイトを見つけるのはなかなか難しいわけですが、それを見事にやってのけている事例をご紹介します。

２００４年、アメリカのグーグルはＭＩＴやスタンフォードなどを卒業したスーパーブレインズといわれる優秀な理系人材を求めていました。その採用促進をクリエイティブエージェンシーであるクリスピンポーター・アンド・ボガスキーに依頼しました。

普通のアドエージェンシーであれば、スーパーブレインズがどんなメディアを見るか調べて、そこに採用広告を出稿するわけですが、彼らはまったくちがうやり方でこのミッションを達成したのです。

名門理系大学の付近の看板に大きく次の図のような奇妙なメッセージを掲げたのです。そこには、「{first 10-digit prime found in consecutive digits of e}」と書いてありました。看板や横断幕にはグーグルについてはひと言も書かれていませんでした。

日本語に訳すと「自然対数の底 e の中から連続する10桁の素数」。数学に疎い自分にはちんぷんかんぷんの表記です。

しかし、スーパーブレインズにとってこのメッセージはとてつもなく刺さるものでした。彼らはどう反応すると思いますか？

そう、彼らは「この問題は俺が解く」と思うのです。メッセージの最後に.comという表記があるのでウェブサイトが存在することがわかります。彼らはこの超難問（なんだそうです）に挑戦したくなってこのウェブサイトを訪れるのです。

するとそこでもグーグルの表記はないまま、さらなる問題が提示され、正解を入力しつづけると、「あなたを採用します」というグーグルからのメッセージが表示されるのです。そう、これはグーグルの研究開発部門の採用試験そのものだったんですね。

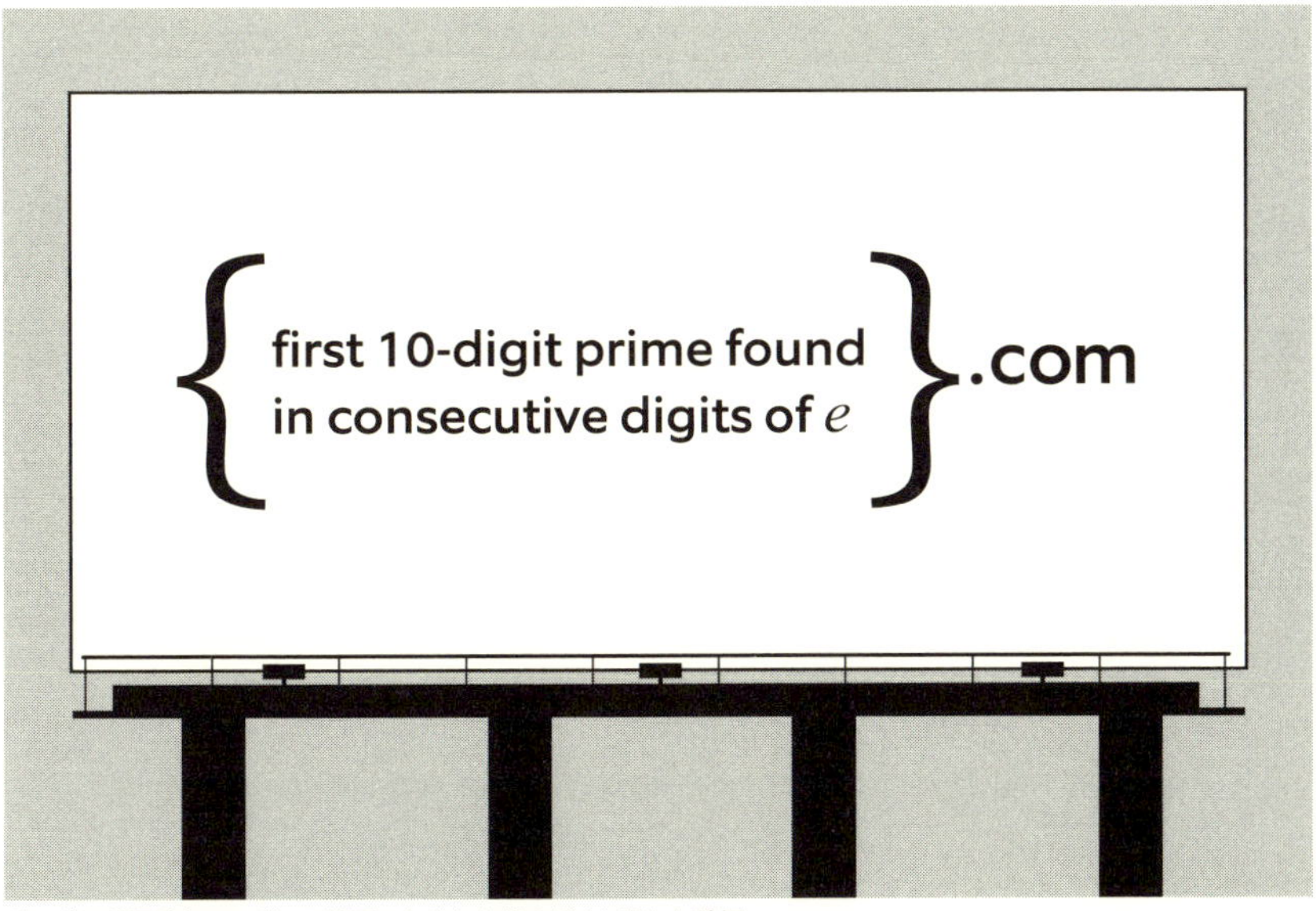

グーグルが優秀なエンジニア採用のために大学の近くに出した看板

グーグルはこのキャンペーンで優秀なエンジニアを採用したそうですが、ここで重要なことは、「正解を出してグーグルから採用通知をもらった人でさえ、自分に『難問を解きたい』という欲望があることを自覚的に意識していない」ということです。多くのスーパーブレインズが、自分の欲望に気づかないまま、せっせと問題を解いて採用通知をもらっていたのです。

それくらい、人間は自分の欲望について無自覚なのです。人間は自分の欲望を言語化して意識することができないのです。

しかし、クリスピンポーター・アンド・ボガスキーの企画者は、「彼らはきっと自分の能力をひけらかすために、難問を解くにちがいない」とスーパーブレインズのインサイトを発見していたのです。

レクター博士は「目にするものを欲求するのがはじまり」と言った

『羊たちの沈黙』というトマス・ハリス原作の大ヒット映画をご存じでしょうか。

アンソニー・ホプキンス演じるハンニバル・レクター博士は、連続殺人事件を起こす精神科医で刑務所に収監されていますが、文学や歴史など教養に秀でた美食家で、含蓄あるセリフをいくつも残していて、映画好きの人の中でも人気キャラクターになっています。

そのレクター博士の人間の欲望についてこんなセリフがあります。

我々の欲求はどのようにして生まれるんだい、クラリス？　我々は欲求の対象になるものを意識的に探し求めるのかね？（中略）

ちがう。我々は日頃目にするものを欲求する。それがはじまりなのさ。

なかなか、奥深いことを言っているのではないでしょうか。

この言葉からわかることは、2つあります。

まず1つ目は、人間は不器用だということ。つまり、**多くの人は自らの欲望に気づいていないということ。**

そして、もう1つ大事なことは、**欲望の対象になるものが目の前に現れて初めて、「わたしがこれがほしかった」と気づくということ。**人は昨日までそれをほしいとひと言も言語化していなかったのにもかかわらず、「そうなの、これがほしかったの！」とあたかも前からほしがっていたように振る舞うのです。

作家・思想家の内田樹は、ブログの中でレクター博士のこの発言を「欲望というのは自存するものではなく、それを満たすものが目の前に出現したときに発動するものなのである」と紹介しています。

本当に現金なものですが、身に覚えがある人も多いのではないでしょうか。

光文社の編集者だった山本由樹さんと以前お話ししたとき、おもしろい話を聞きました。山本さんといえば、雑誌「美ＳＴ」の創刊編集長をされていて、「美魔女」という社会記号を開発して、美魔女ブームを世の中に巻き起こし、雑誌の売上を大幅アップさせた敏腕編集者として知られています。

露出度の高い服を着た美魔女モデルを起用して、40を過ぎても自由に、自分らしく生きる女性のライフスタイルを誌面で提案したのです。まさに、40代の女性に対する新しい「あたりまえ」の提案ですね。

その雑誌を読んだ読者の反応がおもしろいんです。多くの読者が「あら、この雑誌、私の思ってることが書いてある」「そうそう、こんなふうになりたかったの！」と思ったそうです。レクター博士が言うように、眼の前にその生活が提示されるとあたかも前からそれがほしかったような素振りを見せるんです。人ってやっぱり都合がよくできているんですね。

山本さんが言うには、「美魔女という言葉を考えたとき、世間には別に美魔女的な人があふれていたわけではなかった」そうです。

当時、40代向けの女性誌は着物や、焼き物を愛でる良妻賢母的な女性をロールモデルにしていました。しかし、山本さんは「学生時代にバブルを過ごした今の40代が、良妻賢母になりたいわけがない」、きっと心の奥底では「バブル時代のように弾けていたい」と思っているに違いないと考えたのです。

つまり、山本さんは本人たちより先にインサイトに気づいたのです。

その結果、世の中に「美魔女」ブームがやってきました。ブームは一時的に終わったわけではなく、この年代の女性のライフスタイルに新しい「あたりまえ」をもたらしました。

半沢直樹とビリー・アイリッシュはなぜ愛されるのか

インサイトに気づいた人はその欲望の実現のために行動を起こすわけですが、もう1つインサイトについて知っておくべきことがあります。

人はすでに言語化された欲望に応えるサービスにあまり感謝をしません。便利だとは思うのですが、そのサービスに愛着は感じないのです。

一方で、人は自分が言語化できない欲望を示してくれた人に愛を感じる、つまりインサイトを発見した人は愛され、フォロワーがつくのです。

つまり、先回りしてインサイトに気づいた人はその欲望の実現のためにフォロワーに対してリーダーシップを発揮することができるのです。「美ST」が読者にさまざまな美魔女的ライフスタイルを提案し、インサイトの実現をサポートしたように、インサイトの提示者は新しい「あたりまえ」の先導役になれるのです。

『半沢直樹』や『逃げるは恥だが役に立つ』などの一世を風靡した人気ドラマには必ず多くの人が「そうそう、わたしもそう思っていたの」「私の言いたいことをいってくれた」というような人々のインサイトをとらえるセリフがちりばめられています。

だから、これらのドラマは人々の共感を生むんです。

愛されること、それがインサイト発見の大きなダイナミズムです。

新しい「あたりまえ」は、送り手が勝手につくりだした捏造インサイトの上には成り立ちません。

21世紀アメリカでもっとも楽曲を売ったミュージシャンのビリー・アイリッシュは「あなたの曲はなぜヒットするのですか？」とインタビューを受けたとき、「みんなが思っているけど口にできないことを歌詞にしているだけ」とサラリと答えました。

これは、まさにインサイトそのもの。多くの人がモヤモヤしていた「こうなったらいいな」を先回りして言語化しているのです。だから、多くの人の心をつかみヒットする。

彼女の歌う世界は、みんなにとっての、新しい「あたりまえ」なのです。

ぼくはブックコーディネーターの内沼晋太郎と、2012年から下北沢で本屋B&Bを運営しています。コンセプトは「これからの町の本屋」。買い物の帰りに立ち寄ったり、待ち合わせをしたり、そんな生活動線の中で自然に新しい知識や物語に会う場をつくりたかったんです。

でも当時、本屋を立ち上げるという話を周囲の人に話すと、「今時、本屋はないでしょう」とか「いやー、いい話だけど赤字になるんじゃないの」なんてネガティブな反応をされることが多かったんです。出版社勤めの人に「本屋なんて無理」なんて言われちゃった

インサイトの発見者は愛される

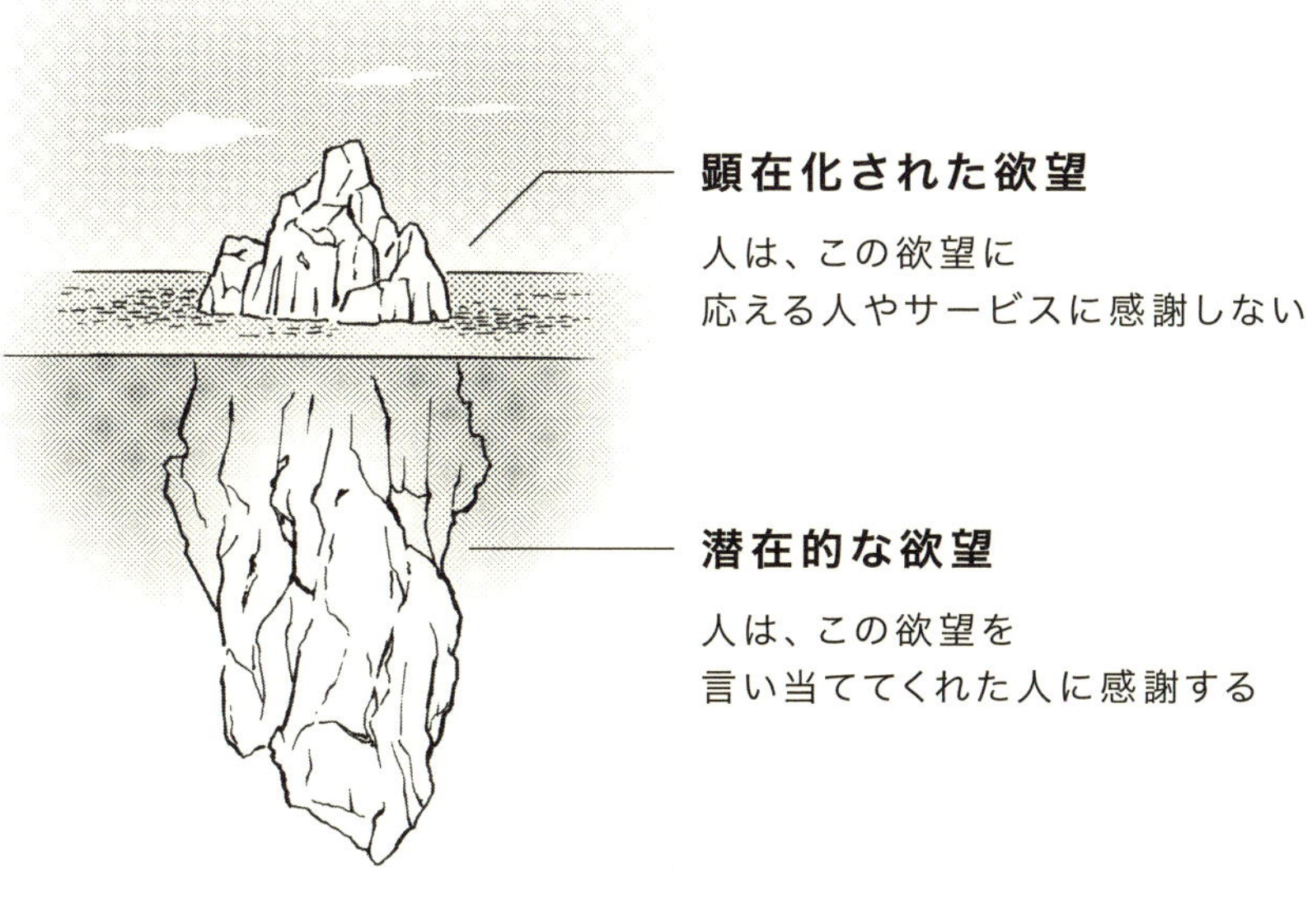
顕在化された欲望
人は、この欲望に
応える人やサービスに感謝しない
潜在的な欲望
人は、この欲望を
言い当ててくれた人に感謝する

り……。

もちろん彼らは親切心からそういうリアクションをしてくれたんだと思います。つまり、今どき本はネット書店で買うでしょうと。

でも、ぼくはリアル書店とネット書店の役割は違うと思っています。

ネット書店は便利です。ほしいものがわかっていれば翌日家やオフィスに本が届く。

では、リアル書店はどうでしょう。みなさんはいいリアル書店ってどういう本屋さんだと思いますか？　ぼくは、「買うつもりのない本をつい買ってしまう本屋」がいい本屋だと思っています。みなさんもそういう経験がありませんか？

本屋に入るときにはこれを買おうと決めていなかったのにもかかわらず、本屋を歩き回るうちに、この本もあの本もほしくなる。

実は、本屋という空間は潜在的な欲望が言語化されやすい空間なのです。店頭の平積み、雑誌や新刊書の面陳、膨大な背表紙の文字。本屋では、狭い空間の中で多くの情報に一気にふれることができるからです。

そして、本屋はどんなに小さくても1つの宇宙です。経済、政治、歴史の本から自然科学、ガーデニング、スポーツ、宇宙の本から恋愛小説まであらゆるジャンルの本がコンパクトな空間に存在しています。

そう、本屋を歩くことで、膨大なジャンルの本のタイトルを短時間で眺めることができ、気づかなかった自分の欲望が言語化されるのです。「そういえばワインの本がほしかった」とか、「そういえばランニングについての本がほしかった」なんて。リアル書店は自分の潜在的な好奇心を発見してくれる場なのです。

「なんだか知らないけど、この店にくるといつもほしい本が見つかるんだよなあ」なんて言っている人はとてもうれしそうです。

そう、人は欲望を言語化してくれた人を好きになるのです。その人はもはやその本屋さんにラブを感じているわけですね。

すでにほしいモノを探すことに適しているネット書店のことは便利だと思うけど、ラブまでは感じない。便利であることと愛されることは似ているようで違うんです。

日常の違和感に潜む欲望のヒント

人の欲望は、日々、新たに生まれています。

フェイスブックが登場すれば、いいね！　をほしがる承認欲求が生まれ、インスタグラムが登場すれば、盛れてるセルフィーを撮りたいという欲求が生まれ、動画配信サービスで倍速再生機能が登場すれば、1・5倍速でタイパをよくしたいという欲求が生まれます。

でも、街ゆく人に「あなたが本当にほしいものはなんですか？」と尋ねても、人は自分の欲望を予め言語化できません。

では、どうやってそんな隠れた欲望「インサイト」を見つければいいのでしょうか？

インサイトの発見の仕方はさまざまな手法があります。自分自身のインサイトにじっと向き合うのも手かもしれませんが、ぼくは日常風景の中で「違和感」を発見することがインサイトを見つける早道だと思っています。

人間は不器用なので、自分の欲望をなかなか言語化できないと書きましたが、同じように、他人に説明できないまま自分の欲望を実現する行動に出てしまうことがあります。

それが、自らのインサイトに敏感なファーストペンギンたちです。

「あ、あの人たち、今までの価値観だとちょっと説明できない行動をしているな」と違和感を覚えたら、それは新しい「あたりまえ」を実践する人たちの行動である可能性があるのです。

旅行や食事といえば、家族や友人、職場の同僚など複数で行くのがあたりまえだった時代に、「わたしは今、1人でご飯が食べたいの」と思って、1人で高級レストランに行った人は、きっとレストランのシェフに「1人で来客するなんてめずらしい客だなあ」という違和感を覚えさせたでしょう。

そして、そういった客が連続すると、「もしかすると、1人で来客したいと思っている人は最近増えているのかな?」と思うようになるわけで、それが「おひとりさま」というインサイトの発見へと至ります。

最近「ワン缶」といって、缶を片手に路上や公園で飲酒をする若者が多く見られるようになりました。今まで、なかった行動をしている人たちです。

あれ、以前にこの道で、お酒を飲んでる人なんて見たことなかったのに、昨日も今日も、お酒片手に飲んでいる人がいるなんて、ちょっと引っかかるな……。

というような違和感です。

彼らは居酒屋で飲むのを、お金がもったいないなと考えているんでしょうか? どちらかの家で宅飲みをするほどでもない関係なんでしょうか? ちょっとした隙間時間に、気軽にリラックスしたいんでしょうか?

違和感のある行動をする人たちは、どんな潜在意識でその行動をおこすのでしょうか?

このように日常生活で感じるちょっとした異変や、昨日までは考えられなかった人間の行動に覚える違和感の背後には、新しい「あたりまえ」を渇望するインサイトが潜んでいる可能性があるのです。

たとえ、それが偶然の例外的な行動だったとしても、その背後にインサイトがあると思って一旦は向き合ったほうがインサイトハンターとしてはいいのではないかとぼくは思います。

かなり長いこと、博報堂の新入社員研修でタウンウォッチングというものをやっていました。クリエイティブ配属の新人が街に出て、「違和感のある行動をしている人」を見つけて発表するんです。

インスタグラムに足の先だけの写真をあげている人たち、カフェでPCを広げてイヤホンをしながらひそひそと会議をしている人たち、昼間のカラオケボックスに集まるお年寄りの人たち……。

「あ、今までの価値観だとちょっと説明できない行動をしているな」と違和感を覚えたら、それは新しい「あたりまえ」を実践する人たちの最初の行動なのかもしれません。


1つ、インサイトの発見に関して注意しておくべきことがあります。

2020年に新型コロナウイルスの感染が拡大した際、「マスク着用」が一気に世の中のあたりまえになりました。

ですが、このあたりまえをインサイトだととらえてはいけません。

当然、みんなマスクをしたかったわけではなく、コロナウイルスという疫病に対して、「必要に迫られた対策」であり、やむを得ずとる消極的な選択行動は、インサイトによるものではありません。

むしろコロナ禍が落ち着いた今もマスクを外さない人たちには、「素顔を見られるのが恥ずかしい」「化粧をしなくても済むから楽でいい」といったようなインサイトが隠れていると言えます。

無茶な「説得」や「強要」をされることなく、人々が「欲望」したり「納得」して、自発的に行動していくには、深いインサイトをとらえることが重要です。

インサイトは、新しい「あたりまえ」が世の中に生まれる萌芽だと言えます。そのヒントは、日常風景の微妙な変化の中に埋もれています。身の回りで起こる出来事は、毎日のようにあなたに新しい「あたりまえ」のオリエンテーションをしてくれているのです。

そのときに感じる違和感を、さらりと流してしまうか、新しい欲望の萌芽として認識できるか、そこにセンスの差は出てきます。

世の中を敏感に眺める洞察力を養い、インサイトを自分の引き出しの中にストックさせておきましょう。

補助線2 【社会記号】欲望に名前をつける

社会記号とは、「草食男子」「終活」「タイパ」など、まだ辞書には載っていないけれども巷で誰もがその意味を知る記号であり、時代のトレンドをとらえた新しい言葉のことです。

それは、「港区女子」のようにクラスターの名前であったり、「朝活」のように行動の名前だったり、「微アル」のように商品カテゴリーの名前だったりするわけですが、いずれにしろ今までの常識では考えられなかった、新しい「あたりまえ」の主体や行動に名前がつけられたものです。

社会記号が名付けられると、その記号に注目が集まり、その記号が表す価値観が社会に浸透していきます。

ぼくはこの「社会記号」について長年にわたり研究を続けてきた一橋大学商学部の松井剛教授と『欲望することば　社会記号とマーケティング』という本を共著で出させてもらいました。

なぜぼくが社会記号にこだわるかというと、**社会記号は人々の新しい欲望つまりインサイトをとらえた言葉であり、新しい「あたりまえ」そのものだからです。**

松井先生は社会記号を「トーチライト」、つまりたいまつの光とおっしゃっています。

人を導く光になる

新しい「あたりまえ」が、まだそれぞれの人々のモヤモヤであるときに、社会記号が誕生するとそれはみんなが目指す北極星になるのです。

例えば、2010年ころ、男性の育児参加が珍しかった当時、男性が主体的・積極的に育児に参加をするという新しいあたりまえを普及させたい願いから、「イクメン」という社会記号が世の中に広がりました。

2022年4月には、男性の育児休暇の取得も義務化され、男性の育児参加が「あたりまえ」のものとして浸透してきたと思います。

今では、男性が育児をするのは当然だし、育児をしているからイケてるなんて調子に乗るな、なんて声が聞こえてきそうですが、当時は社会記号になるくらいの新しい行動としてポジティブにとらえられていたのです。

「イクメン」という社会記号によって、育児参加をする男性の認知・理解が加速したことは間違いありません。

なめらかな合意形成を行うためには、この「社会記号」が世の中に生まれ、広まるメカニズムを理解しなければなりません。そして、「社会記号」が生み出す北極星を目指す社会の波を乗りこなすのです。

社会記号がもたらす5つの効果

社会記号が普及することで生まれる効果について考えてみたいと思います。

ひと言で言えば、社会記号は新しい文化と市場を世の中に生み出します。それを分解してみると、社会記号の普及は次の５つの現象を引き起こします。

現象１　実践者がスターになる
現象２　フォロワーを産む
現象３　社会がその行動を許容するようになる
現象４　メディア報道量が増える
現象５　市場が生まれる

ここでは「おひとりさま」を例に、１つずつ順番に見ていきましょう。

現象1　実践者がスターになる

少し前まで奇異な視線で見られていた1人での行動が、時代の最先端のスタイルとして認識されるようになります。

「おひとりさま」を体現する人たちが、社会の中で注目されるようになるのです。

現象2　フォロワーを産む

社会記号が生み出すもっとも重要な変化は、フォロワーを生み出すことかもしれません。「確かに、私も1人でご飯を食べに行きたい気持ちになるときがある」。そんなふうに、先行者の行動は、後発の人たちに気づきを与えます。

今までのあたりまえへの同調圧力や、新しい行動になかなか踏み切れない人間の性質から態度変容を躊躇をしてきた人たちが、社会記号の流布によって、隠されていた自分の欲望に気づき、「私もやってみよう」と行動に踏み出すきっかけを与えます。

現象3　社会が行動を許容する

今までおかしいと思っていた行動が、おかしな行動ではなくなります。レストランで、旅先で1人で行動していても、奇異な視線でじろじろと眺められることがなくなるのです。

現象4　報道量が激増する

メディア自体のインサイトは、「新しい現象を報道したい」ということです。社会記号は新しい現象そのものであり、メディアの大好物です。しかも、メディアが見出しに使いやすい言葉です。

「おひとりさま」という社会記号が普及していく中で、経済誌が「おひとりさまの経済効果」「急成長のおひとりさま市場」なんて記事を書くわけですし、情報番組が「ここまできたおひとりさまサービス」のようなコーナーを作り、ひとり参加限定の旅行ツアーやおひとりさまカラオケなど、おひとりさまカルチャーの広がりを取材し伝えていきます。

メディアが繰り返し、社会記号を取り上げることで、新しい「あたりまえ」が圧倒的な情報量でかつてのあたりまえを塗り替えていくのです。

現象5　商品・サービスが生まれる

社会記号は新しい欲望が顕在化されたものですから、それに応えるサービスが生まれてきます。「おひとりさま宿泊プラン」「おひとりさま焼肉」「おひとりさま終活」……。新しい社会記号に応えるサービスがマーケッターによって次々開発され、それ自体が再びニュースになり、さらに社会記号を浸透させていくのです。

このような流れで、社会記号の普及は新たな文化、ライフスタイルを創造し、それに応える商品・サービスを生み出していくのです。

今まで住む場所は1つだろうというあたりまえに対する「二拠点生活」。終身雇用があたりまえに対して経済的自立による早期リタイアを表す「FIRE」などの社会記号が生まれることで、社会記号にまつわるメディアの報道量がふえ、地方のホテルのワーケーションサービスや、早期リタイア者用の金融サービスなど、新しい「あたりまえ」に応えるサービスが続々と生まれてくるのです。

社会記号をリードするブランドは主役になる

社会記号が目指す「あたりまえ」を体現・牽引するブランドは、さまざまな恩恵を受けることができます。

もしあなたがベビーカーのマーケッターだったら、「イクメン」という言葉が社会に浸透していたほうが、恩恵を受けられる可能性が高いですよね。

なぜなら、イクメンという言葉によって、母親だけでなく父親も含めた家族全員で積極的にベビーカー選びに参加してくれる可能性が高くなるからです。

同じように、あなたがショッピングモールなどの施設の催事担当者だったら、「朝活」という言葉、つまり「朝時間を積極的に活用しよう」という新しいあたりまえが社会に浸透していたほうがいいですよね。なぜなら、午前中のヨガイベントや英会話教室など、新しいビジネスモデルの開発が可能になるかもしれませんから。

あなたの事業が社会記号を体現していたなら、社会記号の広がりは事業のマーケティング活動に、とてもいい影響を及ぼしてくれる可能性が高いのです。

メディアによる報道が社会記号とブランドを結びつける働きをします。先に書いたように、社会記号は新しい世の中のトレンドですから、社会の変化を報道したいメディアの大好物です。社会記号が生まれるとメディアの報道が増えて、ある種の「情報ビッグバン」が生まれます。

新聞、テレビ、ウェブなどが、その社会記号を牽引するブランドの事例を、同時に報道するのです。メディアは「現象」の報道を行うわけですが、そこには事例が紐づくわけです。

例えば、「猛暑対策商品が注目を集めている」という報道をニュース番組が組めば、ネッククーラーやハンディファン、氷点下で提供されるビールや、氷のインテリアがある海の家などが紹介されます。

最初は複数取り上げられる具体的事例は、時間とともに代表的な事例が寡占《かせん》化していきます。「ファストファッション」といえばユニクロ、「クラフトビール」といえばヤッホーブリューイングというように。メディアは新しい「あたりまえ」を体現する代表選手を選ぶ傾向があるのです。

一度代表選手になったブランドは、社会記号、つまり新しい社会現象がメディアにとりあげられるたびに、新しいあたりまえ、新しいライフスタイルを牽引するブランドとして取り上げられ、現象の「主役」といえるような圧倒的な知名度と信頼性を獲得することになります。

社会記号はどうやって生まれるのか

ブランドのために社会記号をハックするには、その誕生の仕方を知っておくべきでしょう。

今では企業が自ら直接的に社会記号をつくることは難しくなってきましたが、補助線6でくわしく説明する長年にわたる商品開発の歴史や、研究実績など「オーセンティシティ（正統性）」のある企業であれば社会記号を生み出すことが可能です。

例えば、資生堂が生み出した社会記号「加齢臭」などがその例です。

テレビCMに圧倒的な影響力があった80年代には、CMから発信された企業発の社会記号が多数流通しました。「カエルコール」や「朝シャン」などの新しい習慣はテレビCMによる提案で、またたく間に世間に広まりました。しかし、マス広告の影響力の衰退とともに、社会記号の発信者は雑誌や書籍に移っていったのです。

90年代以降の社会記号の大半は、雑誌や新書などの紙媒体によってつくられました。「コギャル」「エビちゃんOL」「ちょいワルオヤジ」「勝ち組／負け組」「マイルドヤンキー」……。

数多くの社会記号が生み出され、その記号を体現する多くのヒット商品も生まれました。

そして今、ウェブやSNSから社会記号が生まれるかどうかが試されています。「港区女子」「推し活」などはインターネットが生んだ社会記号です。

ネットは誰もが見るマスと性質が異なるために、誰もが知る社会記号がかつてのように生み出されるのかはまだわかりません。ぼくも研究中のテーマです。

いずれにしろ現時点で多くの社会記号は、メディアが世の中で起きている複数の事象をKJ法的に結びつけ、1つの現象として名づけたものです。

ちなみに社会記号はコピーのような洗練された言葉ではありません。どちらかといえばベタな言葉で、「婚活」「推し活」「腸活」のように、過去に流行した社会記号のパクリ的な言葉のほうが流通しやすい傾向があります。

「〇〇現象が注目」などと、社会記号になったらいいなという言葉を書いたプレスリリースをよく見ますが、メディアがその言葉を使う可能性は低いのです。メディアのインサイトは、自分で社会のトレンドを見つけたいということです。「企業が自社のためにつくった言葉なんて使いたくない」と言ってもいいでしょう。

ブランドができることは、今世の中でこんな新しい現象が起きているのではというヒントをメディアに提供することです。

メディアがそのヒントから新しい社会記号を生み出すように働きかけるのです。

社会記号のさらに細かなメカニズムに関しては、拙著『欲望する「ことば」「社会記号」とマーケティング』にくわしいので、ぜひそちらも参照してみてください。

補助線3 【社会視点】市場の外に出て、社会の視点から見立てる

第3章の原則「社会視点で考える」で、冷凍餃子の例を挙げ、PRパーソンは社会視点で発想するという話をしました。

「市場における私」を語るより、「社会における私」を語る時代に、社会における役割を語ることができるブランドは愛されるわけですが、補助線3として、ここではさらに踏み込んで、社会視点でブランドの立ち位置を**「見立てる方法」**について説明します。

見立てというのは、ある種の「プレゼンテーションスキル」と言ってもいいでしょう。

新しい「あたりまえ」に紐づくサービスを世の中に広めたいときは、社会の追い風をうけてマーケティングを進めるべきです。そのためにブランドと「社会との接点」が何なのかを見立てるスキルが必要になるのです。

例えば保険会社が商品を出すときに、ただ商品のスペックを説明するだけではなく、「人生1

00年時代は、定年を越えてからもまだまだ人生が続きますよね。だからこそ、この保険が必要なんです」と、メディアをはじめ多くの人が注目する「人生100年時代」という社会的な関心事にからめて商品の説明する。

「人生100年時代」のような、社会の中で浸透しつつある新しい「あたりまえ」の文脈の中で、自分たちのサービスや商品を語れると、そのブランドは社会の追い風を受けることができるのです。

社会視点での見立て方

社会という背景の中で、商品がどういう存在だと語れることは、かなり重要なスキルです。

事業責任者は、自分の開発した商品やサービスの市場においての優位点や新規性、それらがユーザーにもたらす価値について人々に知ってもらうために努力します。そういう立場の人たちは、市場における「差別化」や「参入障壁」などの競合優位性についつい意識が向いてしまいます。

しかし、市場の外のステークホルダーたちは、まったく違う観点からあなたの事業を見ています。そして、それらの市場外のステークホルダー、例えば行政やメディア、地域社会などは、あなたの事業に対して、意外に影響力を持っていたりするのです。

PRの補助線3　社会視点の見立て

視座を上げれば、大局が見えてくる

そんな市場以外のステークホルダーがあなたの事業に関心をもって、味方になってもらうためにはどうすればいいのでしょうか？

自分のブランドを社会視点で見立てる方法を、次のようにまとめてみます。

1　市場の外に出て、視座を上げ、社会全体の中で自分のブランドを見てみる

2　社会の中で、同じ「あたりまえ」を目指す別業界の仲間を見つける

というようにシンプルに説明できるのですが、慣れるまでコツがいるので、事例を挙げながら具体的に説明をしていきましょう。

メルカリ、マクアケ、サイボウズ。社会視点で語る企業たち

実際に、社会視点の「見立て」がうまい企業やサービスをいくつか見てみたいと思います。

例えば、フリマアプリなどのサービスを展開するメルカリは、「リユース」「循環型社会」などの社会的に注目を集める言葉を使い、自社のプロダクトを説明しています。

「ゴミにするくらいならメルカリに出して、環境負担を減らしませんか？」と言われたら「出

品してみようかな」と思う人もいますよね。

いわゆるクラウドファンディングサービスの仕組みを活用しているマクアケも同じように、「応援購入」という社会のトレンドをとらえる言葉で、自社サービスを位置づけて語っています。

ＢｔｏＢビジネスに従事するビジネスパーソンはこの社会視点で見立てる感覚がどちらかというと苦手のようです。セールスだけを考えれば、クローズドな市場の中でビジネスが成り立っているから市場の外からの見立てはあまり必要とされていなかったのです。でも、ぼくはＢｔｏＢ企業こそ社会視点での役割を語っていく時代だと思います。

グループウエア企業のサイボウズは、「働き方改革」が話題になったとき、いちはやく「サ

市場の外に出て社会での役割を考える

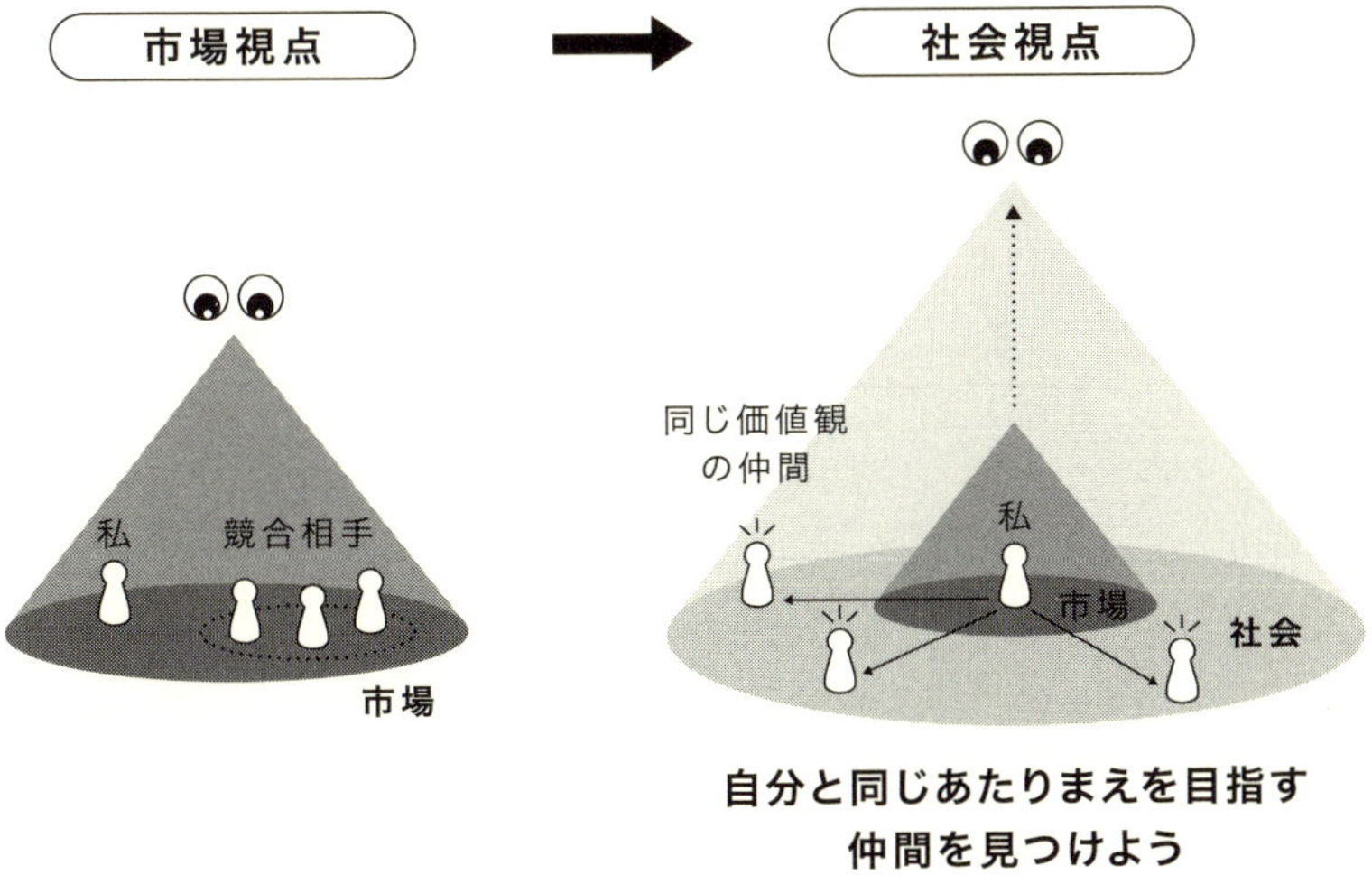

自分と同じあたりまえを目指す
仲間を見つけよう

イボウズの製品は、情報共有をしてチームでの仕事を効率化し、働き方改革の後押しをします」といったメッセージを生み出しました。

それまでの「情報共有ツール」としてのスペックの話から視座を上げ、社会の多くのステークホルダーが関心をもつテーマである「働き方改革」を進める企業というポジションをアピールしたのです。

日本のものづくりの再生や、既存産業がＡＩを活用した新しい形に生まれ変わることは、業界だけの問題ではなく、社会全体が注目するテーマになるはずです。例えばこういう社会が注目する動きの中で、企業がどういう役割を果たすのか表明することで、ＢｔｏＢ企業もさまざまなプレイヤーを味方につけ、新たなビジネスを拡張するチャンスが生まれるのです。

今相手にしている市場とまったく違う市場で戦わなければならなくなる、産業の境界が溶けていく今の時代こそ、ＢｔｏＢ企業の人が市場視点を離れ、社会視点で自社のサービスを定義しなおす意味があるのではないでしょうか。

自社のブランドを社会視点で見立てられた途端に、一気にそのサービスが社会性を帯びてきます。そうすると市場には興味を持たなかったメディアや、志を同じくするステークホルダーがその企業を応援するようになるのです。

さらにユーザーからの見られ方も変わってくるはずです。単なる便利なサービスから、意味のあるサービス、トレンドを牽引するプロダクトとしてとらえられるようになるのです。

例えば、2022年にトヨタが高級車・クラウンのフルモデルチェンジを発表しました。それまではセダン一本だったクラウンに、SUVとセダンが融合したクロスオーバーという新しいボディタイプが誕生したのです。

そのデザインの大きな変更を自動車メディアはもちろん大々的に取り上げました。

このモデルチェンジは、一般メディアにおいてもニュースになりました。それは、メディアがクラウンのボディ変化を単なる一車種のモデルチェンジとしてとらえたのではなく、日本のエグゼクティブクラスのライフスタイルが変わるという、新しい「あたりまえ」の予兆をこの車に感じたからだと思います。

今までの日本企業の役員車といえば、お抱え運転手がいる黒塗りのショーファーカーを思い浮かべる人が多かったと思います。経営者のキャラクターもコンサバなスーツのおじさんというイメージでとらえられていたのではないでしょうか。

エグゼクティブが乗る車が、ラグジュアリーな部分を残しつつも、カジュアルでスポーティーに変わったという車のモデルチェンジをメディアは日本の経営者の姿勢が変わる社会のトレンドとして受け取ったのです。

つまり、クロスオーバーモデルのクラウンは、日本のエグゼクティブをよりオープンでアクティブにしていく象徴的な役割を果たすととらえられ、そんな社会の流れに注目する一般メディアもとりあげて報道したのです。

車のスペックが変わっただけでなく、日本の経営者がアクティブになる姿勢の現れだという解釈は、メディアにいろいろなことを想像させます。今までエグゼクティブ層に提供されてきた他のサービスも変わっていくのではないか？　社会のリーダーシップを取る人たちのライフスタイルの変化は日本企業の社風も変えていくのではないか？　と、想像が膨らむわけです。

このように、大きな見立てで語ることができればできるほど、メディアが語りたいことは増え、関心は高まるのです。

同じ志の仲間とともに社会現象の波に乗る

社会視点で見立てる2つ目のステップとして「社会の中で、同じあたりまえを目指す別業界の仲間を見つける」とお伝えしました。

ＰＲは「同じを見つけるのが」得意と書きましたが、まさに「ここは同じですよね」という視点をもって市場の外に出て、視座を上げて、社会を見渡してみると、同じような動きをしているプレイヤーは見つかるもので、そんな同志を見つけると社会視点の見立てがより説得力を持つようになるのです。

つまり、社会視点で語るとき、「自分のブランドだけの話をしない」という視点をもつと、「見立て力」はより鍛えられるのです。なぜなら、単一のブランドの動きは現象に見えないからです。

ぼくがもし旅行会社のPR担当で、歴史や文化を学びつつ旅をする「学び旅」がシニアに人気だというパブリシティをするとしたら、旅行業界を超えて、同じような消費傾向の商品・サービスを研究するでしょう。例えば、ピアノやギターを習う大人のための音楽教室が繁盛しているとか、哲学書のような難易度の高い人文系書籍が売れているとか。それらアクティブシニアの学び欲を刺激しているさまざまな商品・サービスの話をメディアにすると思いますし、シニアの学び市場をわかりやすく説明する資料をまとめて提供するかもしれません。

つまり、自社の業界だけの話ではなく、業界を越えた大きな潮流を見立てるのです。旅行業界だけでなく、教育産業でも、出版業界でも、同じような現象が見つけられる。これは、社会の新しいトレンドとしてとらえられますよねと。

このような語り方ができると、メディアでの露出は大きく広がります。旅行ツアーの話をしているだけだと、その露出は経済部の業界担当記者の書く小さな記事にしかなりません。でも、もしメディアが「シニアの学び欲」という「現象」に興味を持ってくれたら、例えば「日経ＭＪ」

が一面で「留学からジャズ演奏まで、シニアの学び熱」のような見出しで記事を掲載するかもしれません。なぜなら、社会のトレンドが読み取れる現象はニュースバリューがあるからです。

ブランドはこの手の「傾向記事」に登場することで、単なる旅行会社の新企画を紹介する「ストレートニュース」に取り上げられるより確実に得をするでしょう。

掲載面が目立つ場所にあるだけでなく、そのブランドが社会の新しいトレンドを牽引する存在として報道されるからです。シニアの欲望をとらえ、新しい「あたりまえ」をつくるサービスの代表選手として視聴者・読者に理解されるのです。

だからこそ、自社だけでは語らずに、同じ動きをするブランドや社会全体の流れを把握し、その中で自社を語っていくことを大事にしましょう。そうすることでブランドを「あたりまえ」を牽引する代表選手に「見立てる」ことができるのです。

一歩下がって起こっていることを抽象化する

例えば、この本をだしているNewsPicksの主力事業はネットニュース配信です。

ネットニュースの配信という業界で見てみると、競合は「ヤフーニュース」、「スマートニュース」「グノシー」などになるでしょう。でも、NewsPicksは「日本のビジネスリーダーをアップデートする」メディアであるという社会視点のポジショニングをしています。

そうなると、前述のクラウンをクロスオーバー化するトヨタも同じ方向に向かっているということもできますし、NOT A HOTELなどエグゼクティブ用の別荘を提供している企業とも日本の意思決定層をよりアクティブにするという方向性を共にしているととらえることもできるのです。

メディアはこういう複数のプレイヤーの動きを1つの星座としてとらえ、現象と認識します。とりわけ、異なる背景をもった異業種のプレイヤーが同じ方向に動くと認識したときに、それを大きな流れと認識する傾向があるのです。

PRの「見立て」は、常に一歩下がって行うべきです。饒舌《じょうぜつ》に自社の商品やブランドのスペックを語るのではなく、世の中で起きている現象の中で自分のブランドを語っていく。このことは、具体をより上位概念に「抽象化」するということでもあります。

この抽象化の作業が行き着く先が「社会記号」の誕生です。メディアが複数のプレイヤーの同じ志をもった動きを知ったとき、社会記号が生まれる土壌がつくられるのです。

市場を離れて、社会を見渡す作業は、他人の視線に憑依する作業でもあります。

業界の人間ではなく、メディアだったらこの風景をどう眺めるだろう、経済産業省の官僚だったらこの風景をどう眺めるだろう、学者はこの風景をどう眺めるだろう、そんなふうに他人に憑依して社会を眺めてみると、同じ志で動いているプレイヤーやその全体の潮流を発見できるのです。

見立ての本質である大局の「抽象化」こそが、新しい「あたりまえ」を急速に広めていきます。

夏目漱石の弟子で文学にも通じた物理学者である寺田寅彦は、メディア論を論じた著作『ジャーナリズム雑感』の中で、このように書いています。

不可能事を化して可能にする魔法師の杖はなにかと調べてみると、それはいわば具体事象の抽象一般化、個別的現象の名付けるべき方法であると思われる。

一事象が取り上げられるのではなく、それが現象として一般化・抽象化した表現でメディアに取り上げられることは、その現象を普及させる、つまり新しい「あたりまえ」を加速させる「魔法の杖」なのです。

補助線4【ナラティブを生む余白】受け手のクリエイティビティを発動させる

インサイト、社会記号、社会視点の次に意識するべき補助線は「**ナラティブを生む余白**」――つまり、議論を生み出し、語られることです。

ナラティブとは、直訳すると「語り」とか「物語／物語性」という意味で、PR業界では人々に「語られる存在になる」という意味合いでとらえられています。

ブランドやそれが提案する新しい「あたりまえ」が、人々に話題にされている状況であることを「ナラティブ」であると言います。企業側からの一方通行の発信ではなく、その発信に対して賛否や新しいアイデアが提示されたり、自分だったらこう考えるという意見が出されたり、「対話的状況」が生まれること――それがナラティブです。

このことは、たくさんの「いいね！」がつけられるとか、たくさんの動画再生数を稼ぐというような単なる「バズ」の話をしているわけではありません。

発信者が伝える新しい「あたりまえ」のメッセージが受け手によって解釈されることが重要であり、時に受け手のクリエイティビティによって新たなアイデアが足される状況になることを目指すべきです。

人は新しい「あたりまえ」を解釈し、自分のフィルターを通して誰かに語ることで、「自分ごと」として新しい概念を吸収していくのです。

「カリフォルニアロール」という理想的な文化の広まり方

ぼくは新しい「あたりまえ」など、新しい概念は「カリフォルニアロール」のように広まっていくことが理想だと思っています。

どういうことか。日本の寿司職人は、寿司という文化を世界に発信したかったわけですが、アメリカでつくられている寿司はアボカドやサーモンをつかったカリフォルニアロールに変化してしまった。今や日本の寿司屋さんでも、カリフォルニアロールは珍しいものではなくなりました。

これ、寿司原理主義者からすると、そんな食材をつかったモノは寿司とは呼べないというふうにとらえられるわけですが、寿司文化を広めるという観点から考えると、これも寿司だと認めたほうがいいわけです。

受け手がクリエイティビティを発揮し、寿司という文化をさらに進化させたととらえたほう

PRの補助線4　ナラティブを生む余白

受け手の創造性が、新たな文化を生み出す

がいい。ローカルでのいろいろなアレンジや、クリエイティビティを受け入れて寿司はグローバルに愛される食文化になったのだというふうに。

かつてのブランドは原理主義的であり、寿司で言えば100%のレシピの再現がもとめられていました。共創時代のブランドは受け手のクリエイティビティを受け入れてそのアレンジも許容していく方向に向かうでしょう。

これは、発信側にある程度の度量を要求します。時に受け手は思わぬ誤読をしてしまうからです。そういうエラーも含めて、新しい「あたりまえ」が広まっていったほうがメリットがあるのです。

生活者のクリエイティビティを「尊重」と「余白」で引き出す

「ナラティブ」が起きるためには余白が必要なわけですが、その前に**「受け手を尊重する」**ということがまず大切です。

自戒を込めて書きますが、企業やマーケターが「こういう考え方が世に浸透したらいい」とか、「この商品・サービスが世の中に普及したらいい」と信じるアイデアについて、自分たちが一番よく考えていると思いがちです。だから、原理主義的に情報を発信してしまう人たちがいるのです。

しかし、例えば新しいテクノロジーの普及を考えた人が、そのアイデアのマスターであり、一番それについて考えているのかと問われると、意外にそうとは言い切れない部分もあるのです。中には発信者も思いつかないアイデアを持っている受け手も現れます。

例えば、Zoomは会議利用のために開発されたわけですが、それが、飲み会や、同窓会や、合コンに使われるようになる。受け手がクリエイティビティを発揮して社会における役割を拡張していくのです。

そんなさまざまな利用方法を通じてZoomのある生活は、世の中の新しい「あたりまえ」になり、ある種の文化として広まっていったのです。

ジップロックも食べ物などを保存するためにつくられたわけですが、日本の女子高生がお風呂でスマホを使うために使われるなんて、開発者は思いもしなかったはずです。

PRでは第三者に対し「自分たちはこう考えているんだけれど、どうでしょうか?」と問いかけ、すり合わせの中で合意形成していくわけですが、まさにその感覚で新しいアイデアが文化として普及していく感覚です。

次に相手のクリエイティビティを発動させるためには**「余白」**が必要です。

人は、自分なりにクリエイティビティを発揮したときのほうが、その行動に対してオーナーシップを感じ、自分ごと化することができます。

SalesforceやSlackやNotionといった世界的なSaaSサービスもユーザーコミュニティの自主性を重んじています。ユーザーを信頼して、クリエイティビティを発揮しやすい環境をオープンにつくることで、サービスやブランドのストーリーは文化として浸透していくのです。

「ナラティブ」になることの効能は、語られることによる露出拡大はもちろんあるのですが、それよりも、こういった「解釈し、議論されるプロセス」の意味が大きいのではないでしょうか。

例えば、焼き肉を自分で焼くと、人は焼き肉に対してひと言言いたくなるように、**自分のクリエイティビティが一度発動されたモノを、人は「自分ごと化」するのです。**

フレンチのシェフの鳥羽周作さんはYouTubeのレシピ動画でも知られていますが、彼はレシピを人に教えるときに、「ここは大葉を刻んでかけてください。あ、でもパセリでもいいかも」みたいにさり気なく、受け手のクリエイティビティを引き出すひと言を言ったりするのです。しかも、絶妙に。

なんだかそういうふうに言われたら自分なりにアレンジしてみようかと思ってしまいませんか?「あなたならどうしますか」という呼びかけはユーザーのクリエイティビティを発動する基本姿勢です。

また熊本県の公式キャラクター「くまモン」は、熊本県の観光資源として、有効利用されるために、著作権使用料を無料（ロイヤリティーフリー）にしました。簡単な利用申請をすれば、小さな店舗から、商店街まで気軽に使うことができ、商品開発もできるようにしたのです。

これは画期的な余白の提供の仕方だと思います。「くまモン」が描かれたパッケージでどんな商品をつくるか多くの人がアイデアを考えたのではないでしょうか。

自分のアイデアに対し、相手がどう考えるか尊重する。相手の判断は、時に誤読も含みます。発信者が考えていなかったようなリアクションを生むことだってあります。その「間違い」を含めて、進化をおもしろがる力がナラティブを起こすためには必要です。

議論を起こす、時には相手の誤読を許容する、というとなんだか面倒くさく聞こえるかもしれません。しかし、対話や議論が生まれることで、新しい「あたりまえ」は、自分ごととして、受け手に深く理解されるのです。

多くの人たちが、自分たちの解釈によって新商品、新サービスを受け入れて広まっていく状況は、そのブランドが「文化」として認められている証です。

もちろん、勝手に変更されたら価値が損なわれてしまう、ブランドの守るべきコアの部分はあります。

対話で広まるアレンジ可能な余白のある領域と、守るべきコアの部分を絶えず意識しマネージしていく感覚がより重要になっていくでしょう。

対話によって広まった「#この髪どうしてダメですか」

具体的に「ナラティブを生む余白」によって対話を生み出したPR発想のキャンペーン事例を見てみましょう。

2018年、P&Gのヘアケアブランドであるパンテーンが、「さあ、この髪でいこう。#HairWeGo」というブランドメッセージのもと、髪にまつわる日本の同調圧力に疑問を呈し、一人ひとりの個性を考えるきっかけをつくるキャンペーンを開始しました。

その中でも話題になったのが、「#この髪どうしてダメですか」というキャッチコピーで行われた非合理な髪型に関する校則についての施策でした。

この取り組みでは「ブラック校則」という社会記号を顕在化させました。生まれながら黒髪ではない生徒が、「地毛証明書」をわざわざ提出しなければならないといった学校の校則をとりあげ、世の中に問題を提起していったのです。

この活動に対し、SNSを中心としてさまざまな議論が巻き起こりました。世の中には前時代的な髪型や髪の色を強制するようなルールがまだあることが、議論に参加した人たちの体験も交えてシェアされていくようになったのです。

このネット上での議論は、誰もが同じように行動することが美徳と思われた時代から、ダイバーシティの時代へと「あたりまえ」が変化していく中で、旧来の常識が時代遅れになっていることを浮き彫りにしました。

ヘアスタイルはこうあるべきだ、という主張ではなく、「#この髪どうしてダメですか」という余白のある問いかけによって、ダイバーシティ時代のヘアスタイルや自己表現とはどうあるべきかという議論が呼び起こされたのです。

この取り組みで目をみはったのは、校則を規定している学校の教師と校則を守らなければいけない学生とメーカーの三者が直接、対話をする場を設けたことです。

これによって、互いの立場を理解しながら、髪型の自由など、日本における多様性がどうあるべきか、高校生たちが自分ごととして向き合い、議論するきっかけが生まれたのです。

「新しいあたりまえを進めるべきで、古い価値観はありえない」といった一方向の批判的な主張ではなく、対話によって生まれたまさに本質的なナラティブだと思います。

旧来の「あたりまえ」に対して、「#この髪どうしてダメですか」という問いかけで多くの人を巻き込みながら、ダイバーシティが尊重される時代の新しい「あたりまえ」をみんなで考えて、浸透させていった事例です。

パンテーンは市場におけるヘアケア製品の差別化をするのではなく、社会における自分たちのブランドの果たす役割を提示することで、ヘアスタイルなどの個性、ひいては女性の自由な生き方を応援するブランドとして支持されたのです。

データの「自分ごと化」を引き起こしたコロンビア・ジャーナリズム・レビュー

コロンビア大学が発行するジャーナリズム研究誌「コロンビア・ジャーナリズム・レビュー」が2021年、アメリカの報道機関には「アンコンシャス・バイアス」があるという調査データを発表しました。

彼らは年間3000件を超えるアメリカにおける行方不明者の報道を分析し、行方不明者の40％以上が黒人で、白人女性は全体の三分の一以下であるにもかかわらず、報道量を比較すると半数以上が白人女性のものだったことを明らかにしたのです。

“Missing White Woman Syndrome”（行方不明白人女性症候群）と言われていたバイアスが、報道現場で実際に起きていたことをデータで証明したわけです。

この調査は、「公正な報道が行われていない」というマスコミ業界の課題の指摘であると同時に、報道されなかった人たちが発見される機会が奪われているのではないかという社会的な問題の提起でもありました。

数字を突きつけられると、バイアスの実態が深刻に伝わります。でも、彼らは調査結果を発表するだけで終わらせませんでした。

彼らはこの問題を伝えるため、「あなたは報道される価値があるか？(Are You Pressworthy?)」というウェブアプリを開発したのです。

アプリにアクセスして自分の年齢や性別、年収や住んでいる場所、国籍など、簡単ないくつかの要素を入れると、「あなたがもし行方不明になったとしたら、何個のメディアがあなたの行方不明を報道し、結果的に何人の人

コロンビアジャーナリズムレビューによって開発されたウェブアプリ。自身が行方不明になったときどれぐらいの数のメディアで報道されるかを検証できる

が事件について知ることになるか？」という数値が瞬時に表示されるようにしたのです。

過去の行方不明の報道記事を大量にＡＩに読み込ませることによってデータ化を進めたそうです。

このアプリで、自分がもし行方不明になってもニュースに報道される可能性が極端に少ないというデータが出てきたら、声をあげたくなりませんか？

とある問題について、提起するときにジェネラルな情報だけでなく、「あなたの場合ならどうなるか？」という自分ごと化させる体験を用意する。そうすることで、人々は一気に語りたくなります。まさにこのアプリはナラティブを誘発するための装置になったのです。

ドライで冷たい他人事の数字が、いきなり自分ごととしてとらえられるウェットな数字に生まれ変わるクリエイティブな仕掛けがナラティブを促進させたのです。

「ナラティブ」を生み出す企業のポジショニング

博報堂の後輩である、ＰＲディレクターの菅順史は『なぜか「惹かれる企業」の７つのポジション』という本を上梓しています。菅は、企業やブランドの役割を説明するストーリーをつくるとき、どんなポジショニングで企業を見立てて説明すると、メディアをはじめみんなに注目、応援されやすくなるのかを類型化し以下の７つにまとめています。

1　一部の人しかできなかったことをみんなのものにする民主化を進めるプレイヤー
2　社会の中で課題を抱える生活者の応援者
3　世代交代をリードするプレイヤー
4　みんなが見てみたくなるビジョンを掲げた挑戦者
5　非合理な習慣を打ち破る破壊者
6　争点となっているテーマにおける代表選手
7　古いあたりまえに対して逆張りをするプレイヤー

例えば、1の民主化のプレイヤーで言えば、3Dプリンタのメーカーは今まで大手メーカーしかできなかった製品の製造を、スタートアップや個人の手に民主化したブランドとしてとらえることができます。

東京ガールズコレクションのようなファッションショーは、ショーの模様がネットで配信され、ランウェイを歩くモデルの服を誰もがそのままケータイで購入できるようになったわけですが、これはファッション誌の編集長クラスしか参加できなかったファッションショーの民主化ととらえることができます。

このような民主化を進めるプレイヤーはメディアが応援したくなる、取材対象にとりあげやすくなる典型的なパターンの1つであると分析したのです。

菅が分類した7つの型は、手前の補助線3「社会視点の見立て」のつくり方としても参考になります。

この類型化はSNSの発信者が、ブランドを称賛したり、他人に推奨するときに、好んで使うアングルでもあり、より生活者に「ナラティブ」を起こしやすくする企業やブランドのポジショニングとしてとらえてもいいと思います。

社長の発言、プレスリリースの内容、企業のオウンドメディアでのステートメント、統合報告書におけるコンテクストなどにこれらのポジショニングがうまく生かされることで、メディアの関心、世間の関心を高めることができ、議論が生み出される確率を上げることができるのです。

新しい「あたりまえ」の提案は、生活者の間で「議論」を起こしてこそ、文化として広がるポテンシャルをもつのです。

補助線5 【ファクトの発見】知られざるファクトを明らかにする

第3章で、PRは原則として、ファクトベースで語るという話をしました。価値観の異なる複数の第三者との合意形成が求められるPRでは、誰しもが納得し、反論できない「ファクト」をもとに対話することが全員が会話を始めるスタートラインになるのでした。

ここでは実際にファクトをどう発見し、活用するのか、という側面を書いていきたいと思います。

もちろん価値観の異なる多くの人たちを巻き込んでの新しい「あたりまえ」の推進のためには、感情に訴えるエモーショナルな表現でそれが実現する未来をアピールすることも大事です。同時に、価値観の異なる人たちと、現状を認識し、課題を浮き彫りにし、新しい変革を一歩ずつ進めていくためには、お互いが信じられる通貨、あるいは共通言語としてのファクトが力を発揮します。

メディアが報じたくなる。影響力のあるインフルエンサーが反応してしまう。行政が協力を申し出たくなる。新しい「あたりまえ」の普及のためにはステークホルダーをそんな気持ちにせるファクトが必要です。そんなパワフルなファクトを社会の中から抽出するためには、「クリエイティブな視点」が求められます。

特に新しい「あたりまえ」に移行する以前の旧来のあたりまえに対し、疑問を呈するときにファクトは役に立ちます。

人は新しい「あたりまえ」が必要だ、便利だと頭でわかっていても、こびりついた習慣をなかなか変えられない生き物です。そんな現状に一石を投じるときに、ファクトのインパクトは大きな効果を発揮するのです。

生涯で「52日間」も経費精算に時間を割いていた事実

すぐれたファクトを提示して、新しい「あたりまえ」の普及を推進していった事例をいくつかご紹介したいと思います。

第1章でパブリック・アフェアーズの事例として紹介したコンカーの仕事を改めて引きます。出張・経費管理クラウドを提供するコンカーは、日本のビジネスパーソンが交通費や接待費などの領収書の糊づけなど、経費精算をするために、生涯52日間もの時間を費やしているという事実を実態調査により明らかにしました。

この労力は日本人の平均人件費換算で年間約6千億円に相当し、経費精算作業がビジネスパ

PRの補助線5　ファクトの発見

ささやかな事実が世の中を驚かせる

ーソン一人ひとりの時間を無駄にしているだけではなく、日本経済にとっての損失であるという状況を浮き彫りにしたのです。

このPRを手掛けた井之上パブリックリレーションズ（以下、井之上PR）は2016年、コンカーをクライアントに、企業会計のDXを促進するパブリック・アフェアーズ業務で日本PR協会が主催するPRアワードのグランプリを受賞しました。

井之上PRは、会社における経費精算を、紙の領収書からデジタルへ移行させるという新しい「あたりまえ」を加速したのです。

従来の経費精算に関して、法律は紙の領収書の7年間の保存を企業に課していました。しかしDXが進み、スマホで撮影した領収書のデータでの経費処理が進められれば、従業員が紙の領収書を糊づけする、あるいは企業が証憑を保管する時間やコストも削減され、より効率的な仕事が可能になります。

井之上PRはこの課題を立法・行政のステークホルダーに訴えて、制度の改革を推し進めたわけです。

企業が負う証憑管理のコスト削減が日本経済全体の底上げにつながるという新しい「あたりまえ」がもたらすメリットを理解してもらうことが、彼らの重要な任務でした。

コンカーと井之上PRは立法・行政に加え、企業経営者、会計士など企業会計に関する専門家やメディアなどのステークホルダーに、現状の経費精算がいかに企業、そして、企業を支えるビジネスパーソンに負担になっているのか、その事実を明らかにするために、ビジネスパーソンの経費精算に関する実態調査を行い先の明快かつ強烈なファクトを提示しました。

メディアも立法・行政にかかわる議員もこの状況はなんとかしなければいけないと思えるような衝撃的な数字が突きつけられたというわけです。

「経済損失」や「働き方改革」などステークホルダーが無視できないところから、だれもが否定できないファクトを見つけてくるPRパーソンの嗅覚は見事としか言いようがありません。

実際に法律が改正し、2017年には領収書のデジタル写真が原本として認められるようになりました。経費精算は「紙」でというあたりまえから、経費精算は「デジタル」でという新しい「あたりまえ」へシフトする原動力として、知られざる事実が大きな役割を果たしたのです。

「名もなき家事」の存在を明らかにしたPR調査

大和ハウス工業は2017年、自然に家事をシェアできるような仕組みがそろった『家事シェアハウス』というサービスを広げるためのすぐれたPR施策を行いました。

それは「名もなき家事」の存在を明らかにする、というものです。

家事参加を巡る議論のときにSNS上で必ず起こるのが、「家事を〝手伝っている〟のに妻に叱られる」夫と「家事をしている〝つもり〟の夫に憤る」妻です。それぞれのエピソードが数多く語られ、メディアでもこの「すれ違い」が話題になっていました。

そこで大和ハウス工業は、「夫や他の家族が気づかない家事の存在」を可視化・定量化することで、夫と妻の間に存在する「家事の総量」への認識のギャップを顕在化したのです。「脱ぎっぱなしの靴下を拾う」「トイレットペーパーを換える、捨てる」「洗った洗濯物をしまう」など、他の家族に顧みられず、妻1人がこなすその家事を「名もなき家事」と呼び、実態の調査に至りました。

まずは共働きの夫婦に家事負担割合を調査したところ、妻の回答では「夫1割：妻9割」がトップ。一方、夫は「夫3割：妻7割」という回答がトップでした。この結果から、妻が思っているよりも「自分はやっている」と思う夫が多く、夫婦間に大きな意識の差があることがわかったのです。

次に「『名もなき家事』の視覚化」を目的とした調査を行い、妻以外が気づかないであろう、本来家事と認められるべき行為を30項目設定。「これらを家事と考えるか否か、やっているか」を調査し、家事に対する意識と参加率を男女別に明らかにしたのです。すると、「名もなき家事」を担当しているのは妻が86・5％と、圧倒的な数値が出たのです。

「名もなき家事」に着目して、実際にその存在をファクトをもって明らかにすることで、夫婦が互いに家事をシェアする生活を新しい「あたりまえ」として推進した好事例だと思います。

これらの活動は、2018年に国際PR協会が主催する「ゴールデン・ワールド・アワーズ・フォー・エクセレンス」のコミュニケーション・リサーチ部門トップ賞を受賞するなど、大きな評価を受けています。

家事は女性の仕事という旧来のあたりまえから、男女で家事をともにするべきだという、新しい「あたりまえ」へシフトする原動力として、ここでも知られざる事実が大きな力を発揮したのです。

ファクトの発見に必要な「執着」

コンカーや、大和ハウス工業のような事例のファクト発見においては、ある種の「執着」と地道な調査が必要です。

「領収書を糊づけするなんてすごく無駄なことをしているよね」「名もなき家事があるよね」と、多くの人がうすうす思っていることをそのまま感覚的なものにしておくのではなく、仮説を仮説のままに終わらせず、最後まで検証して数値化する実行力とその執着。仮説を立てて、リアリスト的な追い込みをするのがＰＲの仕事なのです。

自分たちが「こうなったらいいな」と考えるビジョンをみんなに目指してもらうために、今の「あたりまえ」はおかしくないか？　と思わざるをえないファクトを追求していく。特に法制度による合意形成は事実ベースをとても大事にするので、きちんと事実と認定されるところまで積み上げていく執念が、この合意形成においての大事なところです。

そしてそこには、ステークホルダーが驚くような事実を抽出するクリエイティブな視点も要求されるのです。そんなことが起きていたのかと思わせるような、今まで考えてもみなかった新たな視点から発見されたファクトには、人を動かす力があるのです。

フェイクニュースの拡散が問題となる時代に、ファクトベースの情報はますます価値を上げていくでしょう。ファクトチェッカーとしてのＰＲパーソンは政策決定権者の判断材料となる情報の信憑性を担保する重要な役割を担っているのです。

N＝1のファクトから生まれる大きなインパクト

さて、これまで紹介した事例を見ると、「ファクトを提示するためには、定量的なデータをリサーチしなければいけないのか」と思ってしまうかもしれませんが、重要なファクトは必ずしも定量的な調査が必要なわけではありません。

時には、「象徴的なN＝1」、つまりたった1つの事例でも新しい「あたりまえ」を象徴するキーファクトになり得るのです。

どういうことか。例えば、ヘラルボニーという、社会の「障害のある人」に対するイメージの変革に取り組んでいる新進気鋭の会社があります。

自閉症や知的障害のある人々のアーティストとしての才能に着目して、彼らが生み出すデザインの意匠をＩＰとするビジネスを進めています。アパレルのブランド製品や、航空会社の空港のアートなどに、障害のある作家が生み出した意匠が活用されているのです。

ヘラルボニーは、２０２３年に「鳥肌が立つ、確定申告がある。」というキャッチコピーのもと、三人の障害のある作家のアート作品と確定申告書類を使ったクリエイティブを国税庁近くの霞ケ関駅構内にて屋外広告として掲出しました。

ヘラルボニーの契約作家は主に知的障害のある方で、多くが「就労継続支援　B型」の対象者です。そんなヘラルボニーの所属アーティストである障害のある作家が、実際に確定申告をするくらい自分の力でお金を稼ぐことができるようになった。重度な知的障害のある方が確定申告するなんてありえないという常識を塗り替えたファクトをメッセージにすることで、障害のある人が働くやり方もあるという新しい「あたりまえ」を世の中に示した仕事です。

この活動は２０２３年のＡＣＣアワードのＰＲ部門でグランプリを獲得しました。

「障害のある人は社会保障を受ける立場である」という従来のあたりまえを、「障害のある人たちも自らの力で稼げる」という新しい「あたりまえ」に変化させようとしている彼らのメッセージを裏づける、何よりも強いファクトだと思います。

このように、新しいあたりまえを象徴する強い「Ｎ＝１」に気づく嗅覚とそのアピールの仕方も、新しい「あたりまえ」推進のための原動力になるのです。

新しい「あたりまえ」の合意形成を進めていくために、今の「あたりまえ」の課題を浮き彫りにしたり、ヘラルボニーの事例のように将来の「あたりまえ」を予感させたりするファクトの提示には、本当にさまざまなやり方があります。「このファクトを今示せたら注目されるはずだ」というファクトを世に問うタイミングも重要です。ヘラルボニーの仕事では、確定申告のシーズンに合わせて広告の掲出が行われました。

その事実を突きつけたときに、「既存のあたりまえを更新していくべきだ」とステークホルダーの人々に思わせられるだろうか？　そこにファクト抽出の腕が問われます。

ファクトの抽出の仕方自体がクリエイティブでアイデアフルだと新しい「あたりまえ」を目指す動きにドライブが働くのです。

補助線6 【オーセンティシティ】問うべき人が問う

次は、**「オーセンティシティ」**について。あまり馴染みがない言葉かもしれませんが、直訳すると「正統性」という意味です。

PR業界ではしばしば、「この企業の情報発信はオーセンティシティがあるね」というような議論がなされます。一体どういう意味なのでしょうか？

簡単に言えば、発言者がそのメッセージを世の中に発信する「資格」があるということです。「あんたが言うんだったら、その話、信頼するわ」と言いたくなるような信頼性が発信者にあって、第三者が聞く耳をもって情報を受けとめている状況を「オーセンティシティ」があると言います。

浮気を繰り返すような人が「誠実に恋愛することが大事だ」と言ったところで誰も信用してくれませんよね。

なぜ、あなたがそれを言うのか。そういう整合性が取れていないと、どれだけよいメッセージ、未来をよくする新しい「あたりまえ」を発信していても、誰もそこにはついてきてくれないのです。

「女性らしさ」を問い直し絶賛された生理用品ブランドのＰＲ

オーセンティシティを感じるＰＲの仕事でぼくがすごく好きなのは、「Always」というＰ＆Ｇの生理用品のブランドのキャンペーンです。

Alwaysは２０１５年、「Like A Girl（ライクアガール）」というドキュメンタリー動画を配信しました。

これは大人の女性に、「女の子っぽく振る舞って（ライクアガール）」と頼んだ結果と、子どもに同じお願いをした結果を動画に収め、それを比較したものです。

どういうことが起きたかというと、大人は「女の子っぽく」と言われると、内股で走ったり、わざと弱々しく振る舞ったりします。一方子どもたちは、自由に好きなように振る舞うのです。空手をしたり、全力で走ったり、そこには世間が思う「女性らしさ」はどこにもありません（ぜひ検索して、実際の動画を見てみてください）。

この動画が伝えたかったことは、「女性らしさ」は後天的に世間の先入観によって植え付けられたものであり、女性はもっと本来の「女性らしさ」の姿を持っているということ。

実験的なドキュメンタリーによるファクトを提示することで、ステレオタイプな女性らしさを脱ぎ捨て、もっと自由に生きようというメッセージを伝えたのです。

このキャンペーンを見たときに、「Alwaysがこのメッセージを発信するなんておかしい」と思う人は、おそらくほとんどいないのではないかと思います。Alwaysは生理用品のブランドであり、プロダクトを通じて誰よりも女性に寄り添ってきた過去があります。

さらにこの動画には、大人と子どもの間である思春期の女性に向けたメッセージがふんだんに込められており、それは生理とこれから付き合わなければいけないプロダクトのユーザーともまさに重なっているのです。

今のダイバーシティの時代に、「女性らしさ」をとらえなおそう。新しい女性らしさをこれからの「あたりまえ」にしていこう。女

「女の子らしくしてみて」とリクエストすることで、女性が後天的に「女性らしさ」を身につけていたことを示唆した生理用品ブランド「Always」のドキュメンタリー

性にずっと寄り添う商品を作ってきたからこそ、社会にこのテーマを問いかける資格があるのです。

第3章の原則「社会視点で考える」で味の素冷凍食品の冷凍餃子が忙しい毎日を送る現代人を応援するPR施策の説明をしました。味の素という会社が1970年に簡単でおいしい和風だしがとれる「ほんだし」を発売するなど、生活者の課題を解決してきた歴史がある、つまりオーセンティシティがあるから説得力と信頼をもって、今の時代を生きる人々にむけて「手間抜きをしよう」というメッセージを発信できたわけです。

オーセンティシティには、新しい「あたりまえ」を推進するプレイヤーに信頼と説得力をもたらします。女性のことを徹底的に考えてきたブランドAlwaysだからこそ、これからの女性らしさを考えていく主体になる資格があると世間が認めてくれるのです。

一方でオーセンティシティがない状態で空虚な発信をしてしまうと、「なんであなたに言われないといけないの」といったツッコミを受けかねません。

だからこそ、新しい「あたりまえ」を世の中に発信する活動を行うときに、「そこにオーセンティシティがあるか？」を確認するのはとても大切なことなのです。

PRの補助線6　オーセンティシティ

何を言うかより、誰が言うかを人は見ている

伝統や歴史だけが正統なわけではない

スタートアップのPR担当の方からは、「歴史がないうちの会社にオーセンティシティは見出せるのだろうか……」といった質問をされることがあります。

たしかにP&Gや味の素冷凍食品の事例では、「ずっと生活者に携わってきた歴史があるからこそオーセンティシティを持つことができる」という説明をしてきました。

ですが結論としては、歴史がなくてもオーセンティシティは見出せます。

スタートアップ企業は、創業者、あるいは創業メンバーの個人的な体験から起業を思い立つ場合が多いと思います。そしてそこには必ず、現状の社会の状態に対する不満や怒りなどがあり、その原体験について考え抜いて起業するケースが多いはずです。

スタートアップのビジョンとそれを叶えるためのミッションには、その企業と社会との接点が包含されています。

その課題をとらえる、その課題を考える、その課題を解決するために誰よりも努力する姿勢が、問題についてその企業が語る資格を生み出します。

メディアなど第三者にとっては、創業者のその姿勢、社会に対しての課題意識と深い考察が、話を聞かせてほしいというオーセンティシティの源泉になるのです。

補助線5「ファクトの発見」で紹介したヘラルボニーの創業者の松田兄弟は、実のお兄さんが先天性の自閉症で、その生い立ちが起業のきっかけになっています。

彼らはお兄さんのような人たちに対する社会の目を変えたいという確固たる思いを持っていて、彼らの「障害に対するイメージを変革したい」という思いは、誰にも負けない熱いものです。

その思いのもとに巡らされた思考、施策、パッション、そのすべては目を見張るものがあります。そんな彼らが社会に対して呼びかけるメッセージは、オーセンティシティがあるとしか言いようがない。歴史の長さだけがオーセンティシティの源泉ではないのです。

サラリーマンライフも雑談も「得意技」になりうる

「うちの会社や商品・サービスはそんなソーシャルグッドなテーマと関係していないから、オーセンティシティは何と聞かれても難しい」と言われてしまうケースがあります。

言いたいことはよくわかります。もちろん、すべての会社が、たえずジェンダーや地球環境問題などの社会課題に日々取り組んでいるわけではありません。

そして、社会というものは深刻な問題だけで構成されている訳ではありません。生活者の日々のライフスタイルや、新しい嗜好など、文化に関する領域も社会を構成する大事な要素なのです。

博報堂コンサルティングの岡田庄生は『博報堂のすごい雑談』という本を書いています。

広告会社の博報堂では日々企画会議が行われていますが、多くの企画会議が雑談から始まります。参加者をリラックスさせ場を和ませるという効果もあるのですが、実は雑談をきっかけにアイデアを思いつくケースも少なくありません。たしかに雑談にもうまいやり方があって、博報堂の多くの社員はそれを暗黙知として理解しています。

『博報堂のすごい雑談』はそんな雑談術をまとめた本です。手前味噌になりますが、日々ブレストを繰り返す博報堂の社員は雑談に関して一家言もっている、雑談のオーセンティシティがあるといえるのです。


ですから、オーセンティシティをそんなに高尚にとらえる必要はありません。

オーセンティシティは平たく言えば、その会社の「こだわり」や「得意技」でもあります。どの会社でもなにかしらのユニークな点があるはずです。そのこだわりや得意技をつかって、新しい「あたりまえ」の普及にドライブをかけることもできるのです。

例えば、ビール会社の社員のみなさんは、市場リサーチを繰り返し、何度もの試作を経ておいしいビールを作っているわけですよね。そんな会社は、ビールというお酒についてメディアに語る資格がもちろんあります。それと同時に、ビール会社の開発者やマーケティング担当は、常々ビールという商品を媒介にして生活者のライフスタイルについても思いを巡らしているわけです。

新人の歓迎会、ビジネスが成功したときのお祝いの飲み会、会社を退職する人のための送別会。ビール会社の人たちは、世間の人々がどんな気持ちでビールを飲むのか、徹底的に考えてビールを開発してきたはずです。

ですから、ビール会社の人たちは日本のサラリーマン文化について語っても説得力を持っているのです。

もっと言えば、サラリーマンに寄り添ってきた彼らだからこそ、働き方改革や、リモート勤務など、サラリーマンの働き方をめぐる新しい社会の新しいトレンドについても、ビール会社としての知見を持って独自の見解を示したり、説得力のある提案もできると思うのです。

オーセンティシティを見つけるときに大事なことは、「社内」のリソースを見渡して棚卸しすることです。自分たちのオーセンティシティは、自分たちの中にあるファクトからしか発見できないのです。

発信するメッセージについて、自分たちは発信する資格を持っているのだろうか。実際に行動してきているか、実際に考えてきたのか、実際に熱量を持っているのか。そういうオーセンティシティの担保があることで、企業が世の中に発信するストーリーは聞く耳を持たれます。

オーセンティシティ、それはその企業やブランドが持っている経験や知識、商品・サービス開発の歴史、企業の創業の理念、あるいはそのブランドのファンがつくる文化も含めて、情報を発信する企業・ブランドの持つアセットのすべてが源泉になるものです。

そしてそれらは、企業の中にある社会との接点とも言い換えられるかもしれません。

自分たちの企業の持つリソースを棚卸ししてみましょう。そこに、メディアをはじめとする影響力のある第三者が納得するオーセンティシティの源泉が見つかるはずです。

サービスは、たどれば必ず社会につながっているのですから。

新しい「あたりまえ」を語るのにふさわしい主体になるために、その「あたりまえ」についてのオーセンティシティの根拠を自社のアセット内に見つけておくことが大切です。

補助線7 【リスク予想】 新しい概念は古い概念と摩擦をおこす

新しい「あたりまえ」を推進するためにすべきことも、いよいよ最後。7つ目の補助線は「リ

スク予想」です。

新しいあたりまえは、必ず古い概念と対立します。だから、新しいライフスタイルの萌芽が世の中に発露すると、そこには批判や反発を招くことがあります。

セブンイレブンがおにぎりを販売し始めたときでさえ、「おにぎりは家庭でつくるものであって店で買うものじゃないだろう」といった意見がありました。また、マクドナルド一号店が銀座に開店したときも、「立ち食いをするのはいかがなものか」という意見もあったそうです。

ピカソのキュビズムも、マチスのフォービズムも、最初は非難の目にさらされました。彼らですら「こんなのは芸術じゃない」と言われたのと同じように、新しい文化、新しいあたりまえは恐れられる存在なのです。

今では、おにぎりをコンビニで買ったり、ハンバーガーを歩きながら食べるのはあたりまえの光景ですが、それは、新しい「あたりまえ」が生活習慣して、文化として世の中に定着したからです。

リスク予想は、新しい「あたりまえ」を提示したとき、それが生み出す対立をなるべく回避する、和らげるために必ずやるべきことなのです。

ここでは起こりうる3つのリスクパターンを説明していきます。

リスクパターン1　ステークホルダーに対する想像力の欠落

新しい「あたりまえ」のそばにあるリスクパターンの1つ目は、**「ステークホルダーに対する想像力の欠落」**によって起きてしまう炎上のケースです。

２０１８年6月、ニュースメディアの「NewsPicks」はそのブランディングのために「さよなら、おっさん。」というキャンペーンを展開しました。

新しいビジネスリーダーが求められる時代に、昭和のおっさん中心の価値観にさよならしよう。より合理的で、グローバルで、より自由な発想のビジネスパーソンのために新しい経済情報を伝えるメディアだということをアピールするメッセージを「さよなら、おっさん。」という言葉に託したのです。

この広告が発信された当時は、財務省高官のセクハラ問題など既得権益を持つ人たちの横暴な振る舞いが多数ニュースになっていて、おっさん文化との訣別宣言は、NewsPicksがターゲットにする起業家、若手ビジネスパーソンを中心に多くの人たちに共感を持って迎えられるメッセージであったと思います。新しいビジネスパーソンのカルチャーを作っていこうという挑戦者としての心意気も感じられます。

煽り文句とも言えるコピーですから、多少の反発は予想してあえて一石を投じようとしたのだと思いますが、このメッセージが炎上してしまったのです。「おっさん全部を否定するな」「多様性を排除し、分断を生んでいる」。そういった反響がＳＮＳ上に出現し、複数の有識者からも批判的な意見が発信される事態になりました。

もちろんNewsPicksの意図は、中高年男性そのものを否定することではなく、既得権益にすがりつく「おっさん的価値観」を否定する意図でした。新しいビジネスパーソンの「あたりまえ」を世に打ち出したかったのです。当時の広告のボディコピーやNewsPicksの記事でも、おっさんというのは年齢や性別や特定の個人のことを言っているわけではなくて、凝り固まった価値観やルールを見て見ぬふりをするマインドセットのことであると書いてはいるんです。

普段NewsPicksに触れている人々にとって、このメッセージはとてもわかりやすく、共感をも生み出すものです。

でも、そのメッセージが広告という情報の乗り物に乗った途端、不特定多数の人の目に触れる状況になってしまったのです。結果、この広告を見て不快に思う人たちが批判的なメッセージを投稿し、炎上を招いてしまったのです。

なぜここまで炎上したのかと言えば、ステークホルダーに対する想像力が不足していたからです。発信者がターゲットだけを見て社会全体を見ていなかったとも言い換えることもできます。広告のメッセージは、ダイレクトにターゲットにならない人にも届いてしまうのです。

この本で何度も書いているとおり、社会は多くのステークホルダーから成り立っています。ユーザーやポテンシャル層を越えてメッセージを発信するときに、誰がそのメッセージを目にするのか、想像を巡らせなくてはなりません。その人たちに対して、広告の意味をきちんと説明できているか。それら直接の顧客にならない人を含めて利害関係者の人たちが不愉快に思うことになっていないか。その事前チェックが必要だったのです。

広告をつくるときには、おもしろく尖った表現を突き詰めます。そういったクリエイティブ作業に注力することはもちろんとてもいいことなのですが、関係を結んでいくべきステークホルダーに対する想像力は、新しい「あたりまえ」を発信する上では必ず必要なのです。

マーケティングをする人や事業を推進する人は、ついつい、自分の商品のファン、買ってくれるポテンシャルのある人、つまり市場にいる消費者を考えるようになってしまいます。先進技術を世の中に導入する人たちは、そのサービスを受け入れる人たちに合わせた説明をしてしまいます。それが、新しい「あたりまえ」の炎上の落とし穴なのです。

社会には市場の景色の中にはいない相手がいるのだと常に考えて、その人たちのことを考えてメッセージを発信していきましょう。自分たちと価値観を異にする人たちは、あなたにとっ

今この状況で、相手がどう思っているか想像する

てはサイレントの状況なのです。

なりふり構わず突き進む。その勢いがある企業は魅力的ではあるのですが、そこには、おいてきぼりになる集団がある。あなたの知らない社会もあるんだと肝に銘じて、想像力を働かせるようにすることが必要です。

リスクパターン2　アンコンシャス・バイアス

次のリスクは、**「アンコンシャス・バイアス（無意識の偏見）」**により炎上してしまうパターンです。自身で意識できていない偏見（思い込み、先入観、固定観念）を抱えたまま、新しい「あたりまえ」へのリライトを忘れてしまうと起きるリスクです。

２０２１年2月、日本オリンピック委員会の評議員会にて「女性がたくさん入っている理事会の会議は時間がかかる」といった女性軽視の発言が炎上。過去の価値観を引きずった政治家や経営者が失言をして炎上するケースは後を絶ちません。

これらのトップ発言の炎上ケースは、発信者が無意識のままにその情報を発信しているアンコンシャス・バイアスのケースが多いのが特徴です。その防止のためには、イシュー毎に時代に合わせて考え方自体をアップデートしていく必要があるでしょう。

今までどおりのメッセージを発信したつもりが、時代は変化していて、過去の価値観を持ち続けていることに対して批判され炎上する……。

今の新しいあたりまえを認識し、自分自身も変わっていく姿勢がないといけません。

リスクパターン3　ダブルスタンダード

3つ目は、**「ダブルスタンダード」**が引き起こしてしまう炎上です。

発信した新しい「あたりまえ」と自分たちがやっていることが言行一致していないと、炎上の対象となってしまいます。

ジェンダーイコールを訴える広告を掲載していながら、社内で女性リーダーの登用が一向に進んでいないケースなどがそれに当たります。そういうメッセージを発信するオーセンティシティがないということが、批判や反発の対象になるわけです。

PRは絶えず第三者の目線を意識する仕事で、自分の見方に固執しないことが求められます。

一番大事なことは**「ステークホルダーへの想像力」**をしっかりもつことだと思います。

新しい「あたりまえ」の発信をするときには、頭にステークホルダーの地図を描き、それぞれの立場のプレイヤーがあなたが発信する情報をどうとらえ、どう反応するのか、絶えずシミュレーションしつづける必要があるのです。

ちなみにクライシスが発生してしまった場合の「リスク対応」については、記者会見からメディア対応まで、それだけで一冊の本が書けてしまう分野であり、専門書もありますので、興味がある人はそれらの参照をお勧めします。

【まとめ】原則と方法から浮かび上がる「自己匡正」とは

さて、ここまで新しい「あたりまえ」の誕生を推進するために第3章ではPRの5つの原則と第4章ではPRパーソンが引く7つの補助線を説明してきました。

PRについてのイメージはかなり変わったのではないでしょうか。

PRは多くの人にとってブラックボックスの技術なので、世論操作的なものと誤解されることもあります。しかし、これまでお伝えしてきた、ステークホルダーと対話を重ねて解決策を見出していくPRの活動を知れば、反社会的な思想や、利己的なサービスは、自ずと普及の道は閉ざされることがわかるでしょう。

合意形成を加速する

PRの5原則

❶ 自分でやらない。第三者を頼る

影響力のある第三者に働きかけ、新しい「あたりまえ」に共感をし、能動的に情報発信や行動をしてもらうことで、自ら発信・行動する以上の大きな成果を得ることができる。メディアや専門家が加わることで、新しい価値観の信頼性と公益性が担保される。

❷ 複数のステークホルダーを巻き込んでいく

複数のステークホルダーに働きかけることで、異なる価値観の人・団体が、それぞれの立場で新しい「あたりまえ」を目指し、認識・行動の変化を起こす。同時に複数のプレイヤーが、共通の目標を目指す行動を起こすことが、新しい価値観の社会への浸透の証になる。

❸ 対話をし続ける

ステークホルダーの中には、新しい「あたりまえ」に対してネガティブな反応を示すステークホルダーもいる。彼らと対話を通じ、新しい「あたりまえ」により磨きをかけ、多くの人が共感できるものに進化させていく。

❹ 社会視点で考える

「市場の中の優位性」ではなく、「社会の中の役割」を語ることで、事業が社会的な意味をもち、より多くのステークホルダーの共感を獲得することができる。

❺ ファクトベースで語る

バックグラウンドの異なる人たちが、共通して理解できるファクトをベースに、新しい「あたりまえ」を語ることで、より多くのステークホルダーを巻き込むことが可能になる。

新しい「あたりまえ」をつくる

7つの補助線

Case「働き方改革」

❶ インサイト

隠れた欲望を見つける

長時間労働があたりまえになっている働き方。成果を出して評価されたいけど、体を壊したら本末転倒。多くの人が今の働き方は正しいんだろうかとモヤモヤしている中、ファーストペンギンが「プライベートを大事にしたい」と口に出す。

❷ 社会記号

欲望に名前をつける

「働き方改革」「ワークライフバランス」など、新しい働き方の「あたりまえ」を表す言葉が、メディアによってつくられ報道される。多くのステークホルダーがその言葉を理解し、その言葉が体現する「あたりまえ」を目指すようになる。

❸ 社会視点の見立て

市場の外に出て、社会の視点から見立てる

会計ソフトメーカーなどが、今注目の「働き方改革」に寄与することを自覚し、「働き方改革」の文脈で自社サービスを語る。それにより、そのサービスを導入する顧客が増えたり、行政や自治体が応援してくれるなどの動きが起こる。

❹ ナラティブを生む余白

受け手のクリエイティビティを発動させる

SNSで「働き方改革」について、「うちの会社ではこんな取り組みをしている」などの会話が発生する。過去の価値観を引きずって「寝てない自慢」などをする上司に、若手から批判がポストされるなど、賛否ふくめて議論が起きる。

❺ ファクトの発見

知られざるファクトを明らかにする

「働き方改革」を進めたい企業やメディアが、日本人の労働がとてつもなく非効率であることなど、知られざる事実を調査し、発信することで、今までの「あたりまえ」が抱える問題が顕在化し、新しい「あたりまえ」を目指す機運が増す。

❻ オーセンティシティ

問うべき人が問う

「働き方改革」の促進をサポートするサービスを提供する企業や、労働問題に長年関わってきた専門家が、「働き方改革を進めよう」というメッセージを、広告やインタビュー記事などで積極的に発信する。

❼ リスク予想

新しい概念は古い概念と摩擦を起こす

昔の価値観を引きずった企業トップによる「若い頃は徹夜が基本」などの無意識な発言が炎上してしまう。世の中の価値観が、「働き方改革」という新しい「あたりまえ」を目指しはじめたという状況に無自覚だった。

価値観を無理矢理浸透させようとすれば、そこにはフリクションが起き、そのアイデアは公益性をまとうことはできず、ナラティブも生まれず、メディアにも応援されないでしょう。

はじめにでご紹介した、加固三郎がPRのことを「伝え、説得し、まだ、同時に自己匡正《きょうせい》をはかる」と表現しているのはまさにこのことです。

PRは世の中の第三者や環境を相手の意見を問わず「コントロール」するのではなく、新しい「あたりまえ」の普及のために対話を通じて第三者の力を引き出すように「マネージメント」する思考と技術です。

まさに、これはイソップ童話の「北風と太陽」のエピソードそのものなのです。

第 5 章

みんなが乗れる船をつくる

――博報堂ケトルの仕事

多様性はクリエイティビティを高める

この章では、ぼくが２００６年に設立したＰＲ発想で企業や社会の課題を解決するクリエイティブエージェンシー「博報堂ケトル」が作ってきた事例を紹介しつつ、ＰＲを実践するのに意識したいポイントなどを書いていきたいと思います。

ぼくは博報堂という会社に１９９３年に入社しました。

この会社は「粒ぞろいより、粒違い」という言葉を大事にしていて、多様なバックグラウンドをもつ個性的なタレントが集まることを大事にしています。

ぼくはこの企業文化をこよなく愛してやみません。ある種変人たちにかこまれた環境は刺激的で、自分が考えもしなかったようなアイデアにしばしば出会うことができるからです。

組織運営の観点から考えると価値観が異なる人を束ねることは面倒臭いことかもしれません。

しかし、われわれは経験則から多様な考え方が混じり合った環境のほうが、均質な環境よりも、クリエイティブなアイデアが生まれやすい、そして多様な価値観で揉まれたアイデアはよりおもしろいと知っているのです。

ぼくは『アイデアはあさっての方向からやってくる』という本を書いているのですが、アイデアを内発的に生み出せる天才はそうはいません。

ほぼすべてのアイデアは外的な刺激によって、既存のアイデアが組み合わさって生まれます。組み合わされる情報がまったく異質なもので、その距離感があればあるほど、アイデアはおもしろくなると考えています。

例えば、「出版不況をなんとかしたい」という課題解決に対して、出版業界のことだけ考えていても案外解決策は見つからないもので、ファストフードの業界を眺めてみると、出版業界を救うアイデアの種が転がっていたりするものです。

粒違いな組織というのはそういう異質なものと異質なものがぶつかりあってケミストリーを生む確率が高まる環境なんです。

維持が大変だとしてもそういう組織を脈々とつくってきてくれた先輩たちの先見の明はすごいなあと感心し、自分がそういうクリエイティブな環境に身をおいて働けることを感謝しています。

異なる価値観と触れ合う中で、アイデアを考えるという環境は、実はＰＲ的な思考プロセスと一緒なんです。

世の中は多様性にあふれています。家族でも考え方が違うわけですし、校風や社風があるといっても学校や会社にはさまざまな価値観の人が集っています。社会は異なる価値観を持つプレイヤーの集合体なのです。

ＰＲは「同じを見つける」視点が大切で、その異なる人たちが一緒にできることがなにかを見つける合意形成の仕事です。意見の相違を乗り越えた合意形成は、異質なものから生まれたアイデアと同じようにより強固なものになるんです。

新しい「あたりまえ」は違いを乗り越えて生まれてきます。一見、考え方の違う人たちを、「ここは握手できませんか」と共通点を探して1つにしていく。ときに反発する意見に対して、両者がともに納得するアウフヘーベン的なよりよいアイデアを提示することで、より多くの人を巻き込んでいくわけです。

つまりPRとは、「みんなが乗り込める大きな船をつくっていく仕事」とも表現できます。

新しい「あたりまえ」を普及させたい人は、多様な価値観を持っている、中には反対意見を持っている人も待ち構える大海原に旅立たなければいけません。

航海の途中で出会うさまざまなステークホルダーと対話を重ね、同じ船に乗れる人を増やしていく。それが新しい「あたりまえ」が浸透していくプロセスです。

「手口ニュートラル」なケトルの仕事

博報堂ケトルは、２００６年に共同創業者の木村健太郎と、博報堂のクリエイティブエージェンシーとして作った会社です。ＰＲをベースにしたさまざまなクリエイティブを作り出し、世の中の課題を解決していく会社として誕生しました。

異質なバックグラウンドを持つ人たちの中で生まれたアイデアや企画がおもしろいと確信していたＰＲ出身のぼくとマーケティング出身の木村健太郎は、部署の壁を取っ払い、いろいろな職能を持つ人が１つのテーブルで議論し企画をつくる会社を作ったのです。

ケトルには、創業時から一貫して**「手口ニュートラル」**というコンセプトがあります。

人は成功体験に頼ってしまいます。企画の仕事も過去の成功事例の繰り返しになってしまうことも多いのが実情です。

しかし、世の中の課題はさまざまで、すべての課題が今までと同じやり方で解決できるわけではありません。私たちはあらゆる課題に対して、過去の既成概念にとらわれずに、最適な解決手法をありとあらゆる可能性から考えることにしたのです。

トム・ハンクス主演の映画『アポロ13』は酸素タンク爆発のため、月着陸を断念した上に、地球への帰還も絶望的になったアポロ13号がなんとか地球にたどり着いた事実に基づいたヒューマンドラマです。

ラヴェル船長の冷静な判断によって彼らは地球への帰還を果たすのですが、なんと彼らは靴下を空気循環のためのフィルターとして活用することで、地球への帰還に成功するのです。宇宙船の中にあるものは限られています。彼らは課題解決のためにあらゆる可能性を考えるわけですが、既成概念をとっぱらい、「その手があったか」と思うようなやり方を考えたのです。靴下を既成概念どおり履くものととらえていたら彼らは宇宙のチリになっていたかもしれません。

「手口ニュートラル」はまさに、今までの考え方では思いつかなかった課題解決の方法を毎回ギリギリまで考え抜こうというぼくらの姿勢を表した言葉でした。

そんな手口ニュートラルな方法で、「みんなが乗れる大きな船」をつくった事例を2つ紹介したいと思います。

「書店員の目利き力を信じる船」となった本屋大賞

まずは「本屋大賞」についてお話しします。

「本屋大賞」は、書店員が読んで、ぜひお客さんにも読んでほしいと思った日本の小説を、毎年投票で選ぶ文学賞です。書店員の目利きによって選ぶ文学賞というアイデアは、書店員の有志の中から生まれました。

ぼくも書店員有志のみなさんに加わりその一員として企画の立案、賞の立ち上げに参加しました。そのときは広告会社の一プランナーに過ぎませんでしたが、その後、自分も書店〈本屋B&B〉をブックコーディネーター内沼晋太郎と立ち上げ、書店員の仲間に入ることにもなりました。

話は2004年に遡ります。

ぼくは集英社や小学館などの出版社をクライアントとした仕事を20代のころから多く手掛けていました。当時はインターネットによるデジタル化の波が訪れ、出版不況が始まり、じわじわと現場に危機感が広まり始めていた時期でした。

本が売れないというのは、出版社にとっても、作家にとっても、本屋にとっても大きな問題だと認識されはじめたのです。

ぼく自身も本が大好きだったので、本が売れなくなるのは個人的にもなんだかおもしろくないなあと思っていました。まだ十年目くらいの若手のぼくは出版業界がサステナブルに、ビジネスを続けられるような手助けができたらいいなんてことを生意気に考えていたのです。広告会社が普通に発想したら、「もっと本を読もう」という広告を作ってしまいますが、もっと違うやり方がないのか模索していたんですね。

その結果、たどり着いたのが、「作家が選ぶ文学賞」から「本屋が選ぶ文学賞」という新しい「あたりまえ」でした。ベストセラーを毎年生み出す本屋大賞は出版業界を構成する、作家、出版社、取次、本屋さんなど多くの利害関係者が一緒に乗り込むことができる大きな船に成長していったのです。

ヒントは書店員さんたちの文句にありました。

ぼくは当時、本屋大賞の立ち上げをともにすすめた本の雑誌社のウェブサイト「ウェブ本の雑誌」の編集を手伝っていたのですが、書店員に連載をやってもらったり、書店員の座談会を企画したりしていたんです。

また、そのころぼくは博報堂の刊行している雑誌「広告」の編集長もしていたので、自分の作った雑誌を売りたくて書店まわりをしながら多くの書店員に接触していました。

彼らと会ってわかったことは、彼らも出版不況に対してなんらかのアクションを起こしたいと切実に思っていたことです。でも、一人ひとりの立場では何をしていいのかわからない。そんなフラストレーションを抱える人が多かったんですね。

そして、もう1つ大事なことは、**書店員はそれぞれ「自分たちがオススメしたい本」を心に秘めている**ということもわかったのです。

直木賞の発表のあと、自分だったらこれを選んだのになという言葉を多くの書店員から聞きました。「なんであれじゃなくて、これを選んだんだろう」「私だったら直木賞はこれを選ぶ」という声も書店員の知り合いからたくさん聞こえてきて、またその本を読んでみると確かにものすごくおもしろかったりしたのです。

書店員は、日々膨大な量の書籍に触れ、かなりの量の本を読んで本を売っているので、実は読者がおもしろがることを誰よりも知っている、「目利きのプロ」だったわけです。

もちろん出版業界の人々も、当時からそのことに気づいていましたし、出版社が書店員に推薦のPOPを書いてもらうなどの動きもあったりしました。

この「書店員の目利き」という力を信じれば、それは出版業界のみんなが乗れる大きな企画になるのではと考えて生まれたのが「本屋大賞」です。

目利きのプロである書店員さんがオススメする本を、書店員自らの力で選んで、そこからベストセラーが誕生したら、出版業界全体にとってよい未来につながるだろうと考えたのです。

「自分たちが選んだ本を売りたい」と言う書店員のインサイトの実現も図れますし、出版社、取次、そして何より作家にとって、お客さんと実際に接する書店員によって本が選ばれるということはとてもうれしいことに違いないと考えたのです。


当初は予算も少なく、博報堂の会議室に、有志の書店員が仕事終わりに立ち寄ってくださって、ほそぼそと賞の運営方法を決めていきました。

手弁当で全国の書店員２９９名が投票参加し、本屋大賞の初回は小川洋子さんの『博士の愛した数式』が大賞に選ばれたのです。

できたばかりの手作りの賞で、受賞した小川洋子さんには図書券10万円分の賞品と書店員が手づくりした『博士の愛した数式』のためのＰＯＰしか差し上げられませんでした。

果たして同作はベストセラーになり、翌年には受賞作は映画化され、本屋大賞が少しずつ注目を集めるようになったんです。

そうやって、書店員さんから作家さん、版元、取次、スポンサー企業、個人の賛同者などさまざまなステークホルダーに支援の輪が広がり、本屋大賞は育っていったのです。

次第にニュースなどでも報道され、「出版不況に一石を投じる」企画としてメディアにも応援してもらえるようになりました。

今では多くの読者のみなさんに4月の発表を楽しみに待って頂いています。


当時は出版不況が始まったばかりだったので、みなさんがワラをも摑む思いがあって、この賞に希望を見出してくれたところもあったかもしれません。

手探りで始めた書店員有志の集まりは3年後にNPOとなり、法人格を持つことで、賞を応援したいというスポンサーからの支援も受けられるようになりました。

2004年に始まった本屋大賞第1回の授賞式に駆けつけた、小川洋子氏と有志の書店員たち

運営のための資金も、受賞作品に巻かれるロゴをデザインした「本屋大賞受賞」の帯からのロイヤリティ収入でまかなう仕組みができました。

閉店するために投票に参加できなくなる書店員がでてくるなどいろいろな困難、紆余曲折もありましたが、異なる立場のみなさんがそれぞれの立場でこの賞を応援してくれる仕組みをつくることで、すこしずつ体制を整えてきました。

本屋大賞の投票は書店単位での参加ではなく、1人ひとりの書店員の自由参加で成り立っています。

店長からアルバイトさんまで、書店で働く人たちであれば投票が可能で、宮島未奈さんの『成瀬は天下を取りにいく』が受賞作になった2024年には736名の書店員が投票してくれました。

賞の発表後には多くの書店が、それぞれ工夫して本屋大賞のフェアを実施しています。

出版業界の風景を変えた「本屋大賞」は、「書店員の目利き」という力をみんなで信じてみようという共通の思いによって、出版業界のさまざまなプレイヤーが協力しあって、さらに多くの人たちの応援や支援が加わり大きなうねりになっていきました。

「書店員の目利き力を信じる船」にみんなが乗り込んだのです。

社会記号を作り出した「絶メシ」企画

群馬県高崎市のプロモーションの仕事として始まったのが「絶メシ」の企画です。

高崎市の方は「うちの市には観光名所が特にないんですよ」とおっしゃるのですが、地元の個人経営の飲食店に焦点を当てれば、人を集めるコンテンツになるはずだというアイデアで、ローカル特化型のグルメサイトをつくった取り組みです。

今までの「あたりまえ」では観光の目玉になるハコモノなどの施設が必要だと思われていたのですが、市民の日常生活の中にあるコンテンツこそがこれからの観光で威力を発揮するのではないかという新しい「あたりまえ」を広めた仕事です。

実際に、高崎の街を歩いてみると、おもしろい店主が営む定食屋や、地元民が愛してやまないラーメン屋など、魅力的な絶品グルメをつくる個人経営の店が続々と目につくのです。

そこで、「絶やしてしまうには惜しすぎる絶品グルメ」というコンセプトをつくり、「絶メシリスト」というグルメ情報サイトを立ち上げたのです。

絶メシのサイト内の記事では、地元に愛されてきたお店の味や、癖のあるキャラクターの店主さんを紹介。高崎でしか食べられないグルメが毎週のようにアップされていきました。

さらにサイトからは、跡継ぎのいない絶メシ店の後継者も募集。それがきっかけで、実際に後継者が決まったお店もあり、「絶メシリスト」は、地方が抱える飲食店問題への新たな取り組みとして全国メディアで取り上げられることにもなりました。たんなるグルメサイトから中小企業の後継者不足という社会課題解決の手段としても注目を集めるようになったのです。

「絶メシ」は一種の社会現象となり、インスタグラムやXでは「#絶メシ」があたりまえのように使われるようになりました。「自分の絶メシ」はこの店だと、高崎市以外の多くの人も「#絶メシ」をつけてSNSに投稿を始めたのです。

さらに、テレビ東京は、『絶メシロード』というテレビドラマの制作を発表。「カメラを止めるな!」で注目を集めていた俳優・濱津隆之が、週末に地方の絶メシを味わいに行くことを楽しみにしているサラリーマンを演じました。

書籍も出版され、石川県や福岡県でも「絶メシ」企画を実施することになったのです。東京、新橋には全国の注目「絶メシ」店のメニューが体験できる「烏森絶メシ食堂」もオープンしました。「絶メシ」ブームに関心をもった飲食事業を展開するミナデインが、「絶メシ」店からレシピを習い、東京で料理を提供しはじめたのです。収益の一部は「絶メシ」店に還元する仕組みが採用されています。

こうして絶メシは、「高崎市のプロモーション」のみならず、「なくしたくない地元の絶品グルメを応援する全国的な動き」になり、「絶メシ」という言葉は「社会記号」として定着したのです。

「絶メシ」の座組も、「なくしたくない地元の絶品グルメ」を応援したいというみんなが乗れるコンセプトを掲げたことで、元祖高崎市だけではなく、他の自治体、ドラマを放映するテレビ局や、書籍を出した出版社、そして飲食業の同業者まで、立場のことなるさまざまなプレイヤーが乗り込める大きな船になったのです。

SNS映えする流行のお店もいいけれど、「味のある個人経営者の地元のお店もいいよね」と多くの生活者が共感するストーリーを

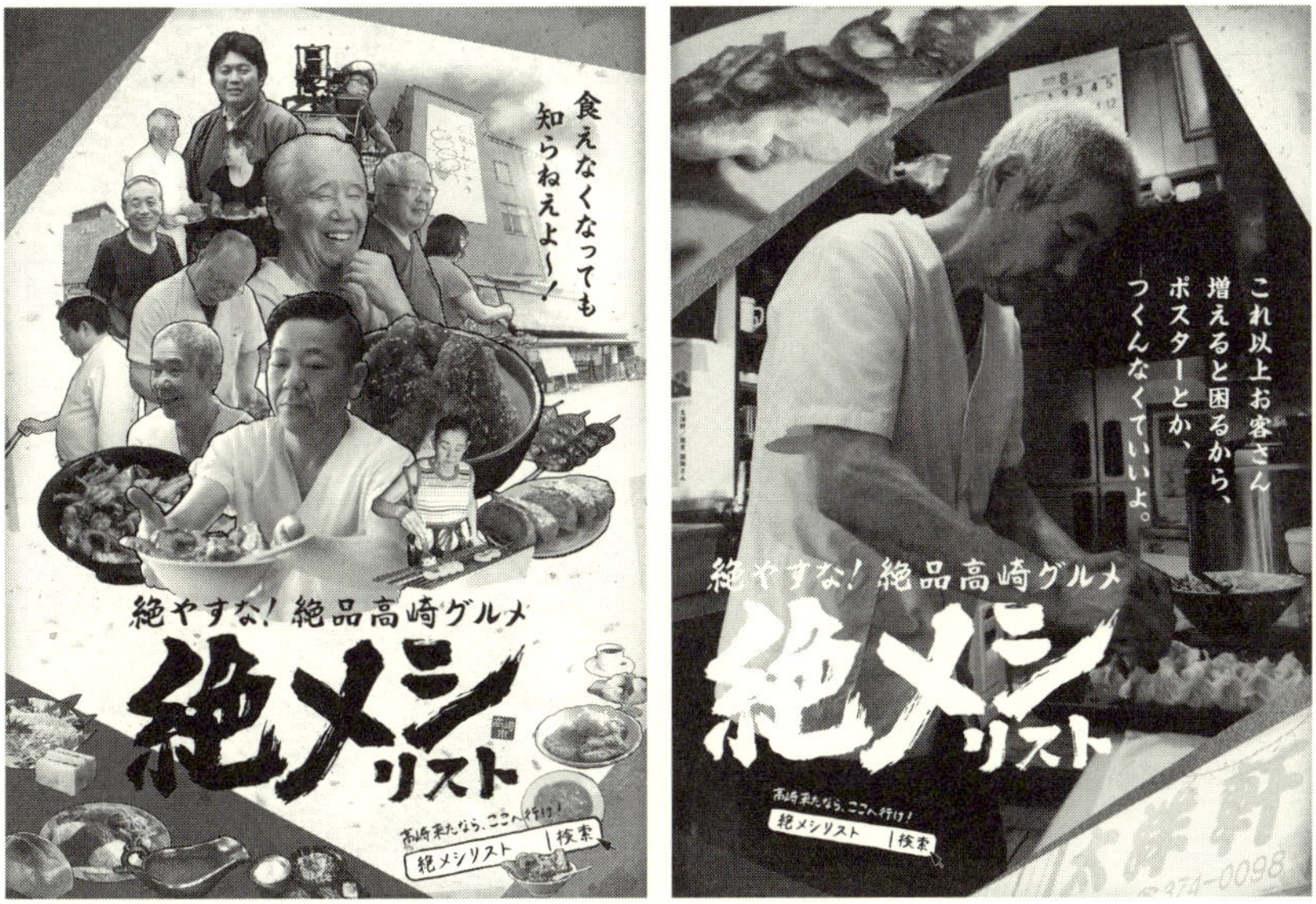

高崎市の絶品グルメを紹介するローカルグルメサイト「絶メシリスト」のポスター

ＰＲ戦略の中心においたところがこの企画の強みだったと思っています。

クライアントと「ガチガチに固めない」

博報堂ケトルでは、「こんなことが起きたらいいな」「こんな新しいあたりまえが訪れたらいいな」という「未来」を企画書に落とし込みます。

未来をバックキャストして、どんなプレイヤーがどんなことをしてくれたら思い描いた未来がよりすてきなものになるのかを考えて、未来を一緒につくれるであろうパートナー、つまりステークホルダーに声をかけていきます。

そのときに、**「こうなったらいいな」という大きな未来予想図、つまり新しい「あたりまえ」の方向性はクライアントとすり合わせますが、どんなステークホルダーとどんな企画を実施するかはガチガチに固めないようにしています。**

もちろん、ＰＲのプロフェッショナルとしての経験値はあるわけですから、どんなステークホルダーとどんな施策を実現するかはある程度予想しますが、実際、ＰＲの仕事は、誰とどんな合意形成ができるかは、航海を続ける中で決まっていくケースが多いのです。

先に挙げた絶メシの企画を始めるときは、個人経営の絶メシメニューをだす飲食店が東京にオープンするとか、テレビ東京が『絶メシロード』というドラマをつくるなんてことは、最初から具体を想像できるわけではないのです。

最初に、個人経営の店がこれからの観光の目的地になるとか、それをまとめた情報サイトをつくるといったこと、その動きをメディアや地元の人にも応援してもらいたいということは決めました。新しい「あたりまえ」を加速させるために、できることは、さまざまなステークホルダーと対話を重ねるうちに決まっていくのです。

新橋で「絶メシ」を出す店を運営したいなんていうアイデアは先方からお声がけいただいたことで実現しました。ケトルも気づかなかったアイデアです。

大きな未来予想図を眺めて、クライアントと方向性を確かめながら、このプロジェクトを応援したいと思ってくれたさまざまなプレイヤーから、自発的に出てくる動きをキャッチして、臨機応変に対応していくことで、新しい「あたりまえ」を実現させていくんです。

この本で繰り返し書いてきているので、みなさんご理解いただけているかと思いますが、合意形成の仕事、つまりPRの仕事は相手ありきのアンコントローラブルな仕事です。だから、なかなか確約することが難しい。

広告は、お金さえ払ったら自分たちのやりたい表現で、やりたい場所で露出をつくることが可能ですが、PRは「ブルータスで絶対このテーマの特集を組んでもらいますよ！」「この企画をドラマ化させますよ！」などと100%確約できるものではないのです。

つまり、**クライアントの信頼を得て、「それなりの裁量と交渉権を預けていただくこと」が大事なのです。**

「これじゃなきゃ駄目」という手法にこだわるよりは、相手との対話を大事にして、そこでうまれたアイデアを大切に育てて前進していく。交渉の相手の大事にしている価値観をリスペクトし、彼らも同じ船に乗ることで得する状況を絶えず考える。

そのためには相手のことをよく知り、ときに相手の立場に憑依して、自分たちの提案している企画を眺めなければなりません。

PRの仕事は大きな新しい「あたりまえ」を目指して、さまざまなプレイヤーとの対話の中から進むべき道を探していく仕事です。

それはケトルのみんなにぼくが伝えてきたことのなかでも、大事なことだと思います。

さまざまなプレイヤーは、基本的にそれぞれ違う目的を持って世の中に存在し、違う価値観を持っています。新しい「あたりまえ」を目指す航海は、多様性の海をわたって行くようなものです。

世の中は多様であり、人と人とは簡単にわかりあえない。でも、みんなが1つの方向を向いたほうがいいこともある。合意形成はそんなお手伝いをする仕事です。

バラバラな意見がある中で、その社会がより良くなるために合意形成していく。一方的に自分の意見を主張するだけではなくて、影響力のある第三者との対話を通じて合意を積み重ねていくのです。

だからこそ、ぼくはこの仕事がすごく素敵だなと思います。

非常にめんどくさいけれど、対話を怠らず、必要な手順をちゃんと踏んでいる。だから真っ当というか、魅力的な仕事だと思っているのです。

第6章

違いの中から同じを紡ぎだす「エンパシー」の力

ギャップをドライにとらえることで他人の理解は深まる

第5章では、多様な価値観、つまりダイバーシティの中から生まれてくるアイデアの強さについて触れさせてもらいました。

ＰＲは多様な価値観の中でみんなが合意できる「アイデア」や「行動」を紡ぎ出す仕事です。本書ではそうやって生まれてくる、考え方や行動パターンが、新しい「あたりまえ」になっていくという話をしてきました。

僕がＰＲに魅力を感じるのは、**ＰＲがこの世界のことを、異なる価値観を持つプレイヤーが混在する社会だととらえることを大前提にしていて、その中で、そのダイバーシティをどう受け止めて、他者とコミュニケーションをどうとっていけば、社会がよりよい方向に進んでいくのかを考えて、実践するフレームだからです。**

さすがＰＲは、多様な価値観を持つ人々で構成される多民族国家アメリカで発達してきたテクノロジーだけあります。そこには価値観が混在する世界の中で、みんなに是非広めたいというアイデアを普及させるための先人の知恵と方法がつまっているんですね。

令和の日本でも政府や企業がダイバーシティを推進しようとしています。そんな環境の中で、新しい「あたりまえ」を、日本社会に普及させたいビジネスリーダーこそが使いこなすべき思考と方法論がPRだと思うのです。

ダイバーシティと向き合うために必要とされる概念が**「エンパシー」**です。DE&I（ダイバーシティ、エクイティ&インクルージョン）に関する研修プログラムを組む際にも、多くの場合「エンパシー」が取り上げられていますね。

グーグルの社内プログラム「サーチ・インサイド・ユアセルフ」でも、マイクロソフトの社内プログラム「インクルージョン・ジャーニー」でも、エンパシーは重視されています。

エンパシーとは、他者を理解する能力のことです。

日本語では、シンパシーと同じく「共感」と訳されるエンパシーですが、2つの言葉の意味はかなり違います。ともに、コミュニケーションや同意形成を進める人たちにとって重要な言葉ではあるのですが、シンパシーは感覚的なもの、エンパシーはスキル的なものと理解するといいでしょう。

感覚的に「あの人よさそうな人だな」と感じさせるのがシンパシー。他者の思考や精神状態に寄り添って解釈することで、違いを乗り越えて「この人と一緒に行動しよう」と感じさせるのがエンパシーです。

脳神経科学によれば、それぞれ違う神経基盤を使うそうですが、他者を理解するうえではどちらも重要な能力です。

シンパシーはアートに近いのに対して、エンパシーはロジックに近いので、後天的にあとから学びやすい技術なのはエンパシーだとも言えます。

他者の置かれている状況や、そこから見えている世界、相手の価値観や文化を深く理解し、相手の立場になって考え、想像する能力がエンパシーです。感情的にならず、冷静に相手のことを知り、ドライに自分とのギャップを理解することで、エンパシーは研ぎ澄まされていきます。

エンパシーを発揮すると、自分の中にある思いや考えとぶつかることが当然出てきます。それは時に痛みを伴うはずです。それでも、冷徹な観察眼と解釈によって、相手の置かれている立場やこれまでの言動から、何に困っていて、何がうれしいのか、どのようなことを目指しているのかを解像度を上げて想像できるようになるのです。

第２章でお伝えした通り、ＰＲの究極の目標は、人々のビヘビアチェンジ（行動の変化）を促すことでした。

このエンパシーは、新しい「あたりまえ」をつくるために、さまざまな立場の異なる第三者と対話をして合意形成をしていくのに、重要な能力であることは言うまでもありません。

アイデアの押し付けではなく、エンパシーをもって影響力のある第三者と対話し、彼らが自発的に行動を変える動機づけを促し、意見が異なるステークホルダーとも握手できるところを見つけることで、合意形成が進み、新しい「あたりまえ」は普及していくからです。

エンパシーを発揮する3つのステップ

先日、NHKのテレビをつけたら鴻上尚史さんが出ていて、高校生に向けて演劇のワークショップを行っているシーンがありました。鴻上さんは、その指導の中で、まさにエンパシーについて言及していました。

演劇というものは、自分じゃない人間に「なりきる行為」であり、それはまさに現代社会においてエンパシー能力を育てられる数少ないシステムである、と。そんな鴻上さんの話には、すごく納得のいくものがありました。

昔は子ども時代によく「ごっこ遊び」をして、自分ではない誰かになりきるという体験を自然としていましたよね。あるときはヒーローになったり、あるときは悪者になったり、おままごとでお母さん役を演じてみたり。ごっこ遊びには、自分ではない他人が世の中をどう見ているのかを知る・考えるプロセスがあり、他人の考えに憑依する訓練にもなっていたのだと思います。

けれど、今は「ごっこ遊び」的なものはあまりありません。

もしかするとゲームがそうなのかもしれませんが、それは身体的な感覚は薄い。鴻上さんも、「今の子どもたちはみんなで集まってもずっとゲームをやっていて、どんどん分断されている」とおっしゃっていました。エンパシー能力を身につけるのが難しくなっている時代なのかもしれません。

演劇のように、相手の感情や立場について考えて、それを100％受け入れる体験をすることは、エンパシー能力を鍛えていく上で必要なのだと鴻上さんの話を聞いていて思いました。

エンパシーを具体的に発揮するには、どのようなプロセスが必要か、経験を踏まえて考えるとこのようなステップに分けられると思います。

1　**観察**
2　**傾聴**
3　**理解と確認**

まず、初めに**「観察」**です。自分の先入観や判断を脇に置き、相手のこれまでの活動や言動を観察します。これは言葉にするのは簡単でも、実際に実行するのは難しいものです。人は知らず知らずのうちにバイアスをもって他人に接していますから。

続いて、**「傾聴」**です。相手の意見をさえぎらず、注意深く最後まで聞きます。これもついつい自分の主張をしゃべってしまいがちですが、とにかく相手の話をじっくりと聴くことが大事です。また、直接聞くことだけが傾聴ではありません。相手の業界や本などを読み漁ることも傾聴の一つだと思います。

そして、相手を**「理解」**するために、観察と傾聴で得られたことを整理して、相手の置かれている状況を解像度高く想像していきます。何があったらうれしいのか、どんなことを目指しているのか、そんな解釈を**「確認」**していくのです。そこには他人に憑依するくらいの意気込みが必要になります。

この3ステップは個人を理解するプロセスとしてお話ししていますが、同じ立場にある組織に対しても同じことです。

この本で紹介してきた合意形成の活動のほとんどにおいて、「エンパシー」の力が試されると言っても過言ではありません。

人々の胸の内にどんな欲望があるのかを知ろうとする「インサイトの発見」は、まさにファーストペンギンの行動や本人が言語化できない行動から、隠れた欲望を感じとるエンパシーが必要です。最後に説明した「リスク」に関しても、「ステークホルダーがどのように感じるだろうか」と想像をする行為は、まさに他人になりきるエンパシーを必要としています。

PRの原則や方法論は、エンパシーを駆使して、異なる価値観をもつステークホルダーと同じ地平に立つ手法のことです。

新しい「あたりまえ」は、決して1人で進めていくことはできません。エンパシーを持って他人に憑依することで、相手の立場から見た世界と、新しい「あたりまえ」に向き合う相手ならではの合意形成の道筋が見えてくるのです。

おわりに

任天堂でゲームクリエイターとして活躍された宮本茂さんは「アイデアというのは複数の問題を一気に解決するものだ」という言葉を残しています。すごい名言だとおもいませんか？　みなさん。クリエイターだけでなく、ビジネスパーソン全員が心に止めておくべき言葉ですよね。アイデアは、異なる価値観の中で揉まれて育ったほうが、より飛距離のあるものになるとこの本の中で書きましたが、優れたアイデアはだからこそ複数の課題を一気に解決できるのかもしれません。

ＰＲの強みはマルチステークホルダーとの「対話」を積み重ねながら、両者が納得するアイデアを生み出していくこと。マルチステークホルダーのはざまで揉まれながら、新しい「あたりまえ」、つまり誰もが目指したくなる未来のビジョンを描いていくことです。

経営の世界でも「ステークホルダー経営」が大事だと言われるようになってきました。事業をグロースさせるためには、マルチステークホルダーとの利害調整が求められる時代になったのです。だから、経営者も利害関係が異なる複数の人たちが納得する説明を求められています。

でも、それはただ単に最小公倍数のような合意点を機械的に計算すればいいわけではありません。みんなが膝ポンして、そこを目指そう！って思えるビジョンを描けたら最高です。それが優れたアイデアです。本書がそんなアイデアを考える一助になったらうれしいです。

ＰＲに魅力を感じ、ビジネスリーダーにその本質が理解され、活用されることを目指してきたＰＲ業界の同士のみなさんらの協力なしにこの本はまとめられませんでした。

博報堂ＰＲ局に配属されたとき、ＰＲの基礎を叩き込んでくれた高見佳宏さんを筆頭に、博報堂の先輩方。これからの時代のＰＲとは何か共に模索した三浦崇宏くんら博報堂の後輩たちや、ともに仕事をしてきたベクトルの吉柳さおりさんらＰＲエージェンシーのみなさん。

博報堂ケトルで新しいコミュニケーションづくりに挑んだ仲間たち、とりわけ、創業期から多くの困難をともにした木村健太郎、橋田和明さんと石原篤さん。その挑戦を無条件で応援してくれた安藤輝彦さん。

日本ＰＲ協会のアドバイザリーボードでさまざまな議論をさせていただいた、電通ＰＲコンサルティングの井口理さん、本田事務所の本田哲也さん、マテリアルの尾上玲円奈さん。青山ブックセンターで10年以上続けてきた「ＰＲゼミ」に参加してくれた受講生のみなさん。

その他、多くの新しい「あたりまえ」をつくるチャレンジを共にしてきたみなさん。ありがとうございます。

２０２４年8月末　嶋浩一郎

参考文献

・加固三郎、1973『PRの設計――企業信頼性創造の要点35』東洋経済新報社
・河炅珍、2017『パブリック・リレーションズの歴史社会学――アメリカと日本における〈企業自我〉の構築』岩波書店
・井之上喬、2015『パブリックリレーションズ 第2版 戦略広報を実現するリレーションシップマネージメント』日本評論社
・根本陽平・伊澤佑美、2018『PR思考――人やメディアが「伝えたくなる」新しいルール』翔泳社

写真出典

第3章
PRの原則1｜David Clode (Unsplash)、PRの原則2｜Carlo Alberto Cazzuffi, CC-BY-SA-3.0 (Wikimedia Commons)、PRの 原 則3｜technotr (Getty Images)、茶山台団地｜大阪府住宅供給公社、PRの原 則4｜Lemanieh, wmaster890 (Getty Images)、PRの 原 則5｜Ikrash Muhammad (Unsplash)、Salla 2032｜rodrigoadam.com
第4章
PRの 補 助 線1｜posteriori (Getty Images)、PRの 補 助 線2｜francescoch (Getty Images)、PRの 補 助 線3｜Photodisci (Getty Images)、PRの 補 助 線4｜Maksud_kr (Getty Images)、AreYou-Pressworthy.com｜Columbia Journalism Review、PRの補助線5｜ugurhan (Getty Images)、P&G Always"LIKE A GIRL"｜sterlingsanders.com、PRの補助線6｜razihusin (Getty Images)、PRの補助線7｜ilbusca (Getty Images)

嶋浩一郎（しま・こういちろう）

博報堂 執行役員 エグゼクティブ クリエイティブディレクター／
博報堂ケトル ファウンダー

1968年東京都生まれ。1993年博報堂入社。コーポレート・コミュニケーション局で企業のPR活動に携わる。01年朝日新聞社に出向。スターバックスコーヒーなどで販売された若者向け新聞「SEVEN」編集ディレクター。02年から04年に博報堂刊『広告』編集長を務める。2004年「本屋大賞」立ち上げに参画。現在NPO本屋大賞実行委員会理事。06年PR発想でクライアントや社会の課題を解決する「博報堂ケトル」を木村健太郎と設立。カルチャー誌『ケトル』の編集長などメディアコンテンツ制作にも積極的に関わる。2012年東京下北沢に内沼晋太郎との共同事業として本屋B&Bを開業。編著書に『Childlens』（リトルモア）、『嶋浩一郎のアイデアのつくり方』（ディスカヴァー21）、『欲望する「ことば」「社会記号」とマーケティング』松井剛と共著（集英社）、『アイデアはあさっての方向からやってくる』（日経BP）など。日本PR協会主催「PRアワードグランプリ」の審査委員長、カンヌ・クリエイティビティ・フェスティバルのPR部門審査員など国内外のアワードで多数の審査経験を有する。

装幀・装画……城井文平
本文図版……久須美はるな
執筆協力……あかしゆか
制作・調査協力……根本陽平（芽inc.）
本文DTP……朝日メディアインターナショナル
校正……鷗来堂
営業……岡元小夜・鈴木ちほ
進行管理……岡元小夜・小森谷聖子・高橋礼子
編集……中島洋一

「あたりまえ」のつくり方

――ビジネスパーソンのための新しいＰＲの教科書

2024年9月25日　第１刷発行
2025年3月10日　第２刷発行

著者……………………嶋 浩一郎
発行者…………………金泉俊輔
発行所…………………ニューズピックス（運営会社：株式会社ユーザベース）
〒100-0005　東京都 千代田区 丸の内2-5-2 三菱ビル
電話　03-4356-8988
FAX　03-6362-0600
※電話でのご注文はお受けしておりません。
FAXあるいは下記のサイトよりお願いいたします。

https://publishing.newspicks.com/
印刷・製本………シナノ書籍印刷株式会社

ISBN978-4-910063-32-4

希望を灯そう。

NEWS PICKS PUBLISHING

「失われた30年」に、
失われたのは希望でした。

今の暮らしは、悪くない。
ただもう、未来に期待はできない。
そんなうっすらとした無力感が、私たちを覆っています。

なぜか。
前の時代に生まれたシステムや価値観を、今も捨てられずに握りしめているからです。

こんな時代に立ち上がる出版社として、私たちがすべきこと。
それは「既存のシステムの中で勝ち抜くノウハウ」を発信することではありません。
錆《さ》びついたシステムは手放して、新たなシステムを試行する。
限られた椅子を奪い合うのではなく、新たな椅子を作り出す。
そんな姿勢で現実に立ち向かう人たちの言葉を私たちは「希望」と呼び、
その発信源となることをここに宣言します。

もっともらしい分析も、他人事のような評論も、もう聞き飽きました。
この困難な時代に、したたかに希望を実現していくことこそ、最高の娯楽《エンタメ》です。
私たちはそう考える著者や読者のハブとなり、時代にうねりを生み出していきます。

希望の灯を掲げましょう。
1冊の本がその種火となったなら、これほど嬉しいことはありません。

令和元年
NewsPicksパブリッシング 創刊編集長
井上 慎平